KB042172

두려움과 **용기**의 학습

ORIGINAL TITLE: LOS MIEDOS Y EL APRENDIZAJE DE LA VALENTÍA
BY JOSÉ ANTONIO MARINA

ⓒ Empresas Filosóficas, S. L., 2014
Derechos exclusivos de edición en español
reservados para todo el mundo

ⓒ Editorial Planeta, S. A., 2014
Avda. Diagonal, 662-664 - 08034 Barcelona

Korean translation Copyright ⓒ 2016 Chaek-se-sang Pub. Co.
Arranged through Icarias Agency.

부모와 교사가 반드시 알아야 할

두려움과 용기의 학습

호세 안토니오 마리나 지음
유아가다 옮김

책 세 상

CONTENTS

살면서 종종 후회하며 하는 말이 있다. "왜 그때 용기를 못 냈지? 좀 더 용기 내어볼걸, 좀 더 결단력 있게 행동할걸!" 그런데 그때 는 두려움이라는 녀석이 우리 발목을 잡아서 주춤할 수밖에 없었 다. "담대하게 살자Vivere Risolutamente"라는 말은 르네상스 시대 의 슬로건이었고 우리 모두의 가슴에 아련히 새겨져 있는 말이기 도 하다. 두려움 없이, 무엇에도 움츠러들지 않고 가볍고 담대한 태도로 살 수 있다면 얼마나 근사할까. 그래서 나는 그렇지 못해 도 우리 아이만은 용감해지기를 바란다. 용감해져서 '명석한 지 능'을 발휘하기를, 즉 난관에 봉착했을 때 문제를 해결하고 단호 하게 앞으로 나아가기를 바란다. 이 두려움의 극복이라는 난제를 과연 학습을 통해 풀 수 있을까?

　　지금까지 유아기와 사춘기 아이들의 두려움을 어떻게 하 면 극복할 수 있는지를 다룬 책은 수없이 출판되었다. 미리 말해 두고 싶은 것은 이 책이 기존의 책들과는 다소 다른 관점을 가지 고 있다는 것이다. 두려움이란 감정의 조절은 우리가 '재능 교육'

이라고 명명한 교육에서 가장 중요한 부분이자, 핵심적인 목표다. 재능은 승리로 이끄는 지능이다. 다시 말해 적절한 목표를 설정하고 그 목표를 달성하기 위해 모든 실행 가능한 자원을 효율적이고 인식적으로 활용하는 능력이다. 지능은 항상 행동에 영향을 주는 감정들을 적절하게 조절하여 우리의 행동을 이끄는 역할을 한다. 이런 감정 중 가장 큰 영향력을 발휘하는 것이 두려움이다. 목표를 선택하는 것은 인간의 고유한 특성이다. 적절한 목표를 설정하기 위해서 우리는 쉽지 않지만 균형감을 유지하는 법을 배워야 한다. 위험을 감수해야 하며 절대 미리 겁에 질려 포기해서는 안 된다. 물론 위험을 감지해서 본능적으로 엄습해오는 두려움에 귀 기울여야 한다. 그러나 두려움을 기반으로 목표를 설정해서는 안 된다. 그러면 항상 숨어 살게 될 것이기 때문이다.

카프카는 숲속에서 안전하게 살고 싶어 했던 아르마딜로에 대한 우화를 썼다. 아르마딜로는 포식자들의 눈에 띄지 않기 위해 자기가 사는 굴을 나뭇잎들로 잘 위장한 뒤 그 속에 틀어박혀 있었다. 그러나 자신의 굴이 얼마나 완벽하게 위장되어 있는지 확인하기 위해서는 굴 밖으로 나와야 했다. 결국 굴 밖으로 나가기 위해서 나뭇잎들을 치워야 했고 매번 똑같은 일을 반복해야 했다. 우리가 무언가를 선택할 때 두려움을 기준으로 삼아서는 안 된다. 그렇다면 무엇을 기준으로 선택해야 하는 걸까? 그것은 바로 용기다. 왜냐하면, 용기는 두려움을 의식하지만 두려움에 선택권을 넘기지 않기 때문이다. 인간을 가장 인간답게 특징짓는 대표적인 능력 중 하나가 용기다. 용기는 우리가 우리만의 작은 껍질에서 나오게 하며 하늘로 비상할 수 있게 해주는 소중한 가치다. 우리는 안락하게 살기 위해서, 동시에 우리의 가능성을 넓히기 위해서 반드시 안전한 곳에서 빠져나와야 한다. 용기는 우리를 행복으로 이끄는 처방전의 주재료 중 하나다.

우리 인간이 두려움에 대처하는 자세는 동물의 단순한 반응과는 질적으로 다르다. 동물은 두려움 앞에 프로그램화된 형식으로 반응한다. 즉 도망치거나 공격하거나 꼼짝하지 않거나 복종한다. 인간의 지능은 두려움을 하나의 프로젝트로 받아들이며—호의, 시선, 몸짓, 섹스처럼 다른 동물적 현상에서와 마찬가지로—이것을 변형시킨다. 이와 같은 변형 절차를 연구하기 위해서 우리는 여러 가지 목표를 달성해야 한다. 첫 번째 목표는 두려움의 기능을 이해하는 것이다. 그러기 위해서는 위협적인 요소를 과장하거나 과소평가하지 않아야 한다. 상황에 알맞은 두려움과 과장되거나 병적이어서 자연스러운 행동을 마비시키는 두려움을 구분해야 한다. 우리의 두 번째 목표는 긍정적인 두려움과 부정적인 두려움을 구분하는 것이다. 사자를 두려워하는 것은 이성적이다. 반면 검은 고양이를 무서워하는 것은 그렇지 않다. 나는 이 책에서 교육을 통한 두려움의 학습을 논하고자 한다. 이 책의 목표는 아이들이 부정적인 두려움을 느끼지 않게 하는 것이다. 이것은 우리가 아이들에게 줄 수 있는 최고의 선물이기도 하다. 왜냐하면 두려움은 행복으로 가는 길에 커다란 걸림돌이기 때문이다. 두려움은 인생을 즐기고 사랑하기 위한 여러 가지 결정을 내리는데 걸림돌이 된다. 발타사르 그라시안Baltasar Gracian의 말처럼, "이성이 아무리 앞서가도 감정이 따라주지 않으면 아무 소용이 없다". 두려움은 심장을 마비시킨다. 가장 이상적인 것은 우리 아이들이 부정적인 두려움을 갖지 않게 하는 것이다. 그러나 그것이 항상 가능하지는 않다. 누구나 살면서 기진맥진할 때까지 꽤 과장된 걱정에 사로잡히거나 특정 상황을 만났을 때 괴로워서 죽을 듯한 느낌을 받은 경험이 있을 것이다. 모두 토마스 홉스가 한 말도 동의할 것이다. "내가 태어난 날, 어머니는 쌍둥이를 출산하셨다. 나와 내 두려움". 이 세상에서 인간만큼 겁이 많은 종은 없다. 왜냐하면 인간은 실질적인 위험에다가 상상 속에서 만든 위험을 더할 줄 알기 때문이다. 그래서 우리가 두려움의 학습에서 다뤄야 할 세 번째 목표는 바로 두려움의 정체를 밝혀낸 후, 어떻게 대처해야 하는지를 배우는 것이다. 즉 두려움에 대한 대처 방법이다. 상황에 따라서는 큰 어려움을 겪을 수도 있다는 것을 감수하고 행동할 수 있어야 한다. 교육의 목적은 개인의 강인함과 인내심을 키워주고 노력의 중요성을 가르치는 것이다(최근에는 이것을 '회복탄력성'이라고 부른다). 그리고 자신의 삶을 계획하기 위해 도전하고 미래를 설계할 수 있는 에너지를 강화하는 것이다.

이 책은 부모와 교육자가 우리 아이와 학생들이 용감해질 수 있도록 돕는 가장 중요한 조력자라고 말한다. 공동의 노력 없이는 목표를 달성할 수 없다. 세르반테스는 "재산을 잃어버린 사람은 많은 것을 잃은 것이다. 친구를 잃은 사람은 더 많은 걸 잃은 사람이다. 그러나 용기를 잃은 사람은 모든 것을 잃어버린 사람이다"라고 말했다. 이 책의 목적은 우리 아이들이 용기를 잃지 않게 하는 것이다. 두려움을 알고 평가하여 과장된 두려움이 있다면 그것을 고치고 개인의 역량을 함양하는 것, 이러한 일련의 과정을 통해서 용기를 발전시킬 수 있다. 우리의 시선은 늘 아이들에게 가 있다. 그러나 아이들에게 가르치고 싶은 내용이 어른들에게도 적용될 수 있음을 기억해야 한다. 우리는 이 책에서 누군가를 가르치기 위해 배우는 것이 가장 효과적인 학습 방법임을 확인하게 될 것이다.

나는 항상 두려움과 용기라는 주제에 관심이 있었다. 나는 《감정의 미로*El laberinto sentimental*》와 《감정 사전*Diccionario de los sentimientos*》을 집필하며 이러한 가치들에 관심을 갖기 시작했다. 그리고 《긍정의 힘*La pasión del poder*》에서 두려움의 정치적 활용에 대해 말했고 마침내 《두려움의 해부학*Anatomía del miedo*》이라는 책에서 두려움이라는 감정만을 전면적으로 다루었다. 그때부터 《용기의 협약*Tratado de valentía*》을 위해 지속해서 자료를 수집해왔다. 그리고 이번에는 좀 더 실용적인 책을 쓰고 싶었다. 물론 이런 책은 명확한 한계가 있음을 잘 알고 있다.

이는 마치 모래사장에 누워서 책을 읽으며 수영하는 방법을 배우려는 것과 같기 때문이다. 그래서 나는 이 책에 여러분이 참여할 수 있는 가상 학원을 개설하면서 이론의 한계를 최소화하려고 한다. 그 가상 학원의 이름은 '용기공장'이다. 비록 조금 엉뚱한 생각이지만 나는 이를 통해서 나의 수많은 염원 중 하나를 성취하게 되었다. 그것은 바로 '두려움에 대항하는 돌격부대'를 결성하고 이 책에 두려움과 용기라는 주제를 다룬 현존하는, 또는 고인이 된 최고의 전문가들을 초빙하는 것이다. 그러나 가장 중요한 것은 아이들이 스스로 난관을 헤쳐나갈 수 있는 학습 상황들을 직접 경험하도록 도와주는 것이다. 만약 우리 아이들이 내면의 힘을 기를 수 있다면, 처음에는 비록 미약할지도 모르지만 인생이라는 긴 항해에 승리의 바람이 되어줄 것이다. 또한 우리의 것도.

이로써 나는 두려움에 전쟁을 선포한다.

일러두기

1. 이 책은 저자 호세 안토니오 마리나가 신경학에서 윤리학에 이르기까지의 이론을 토
   대로 집대성한 유아와 청소년을 위한 교육서, UP문고 가운데 한 권이다.
2. 인명과 책 제목 등의 로마자 표기는 아래첨자로 구분하여 적었다.
3. 책은 《 》로, 신문과 잡지, 시, 영화 등은 〈 〉로 표시했다.

'두려움'이라는
세계의 지도

용기 없는 사람은 솔직할 수 없다.
용기 없는 사람은 사랑할 수 없다.
용기 없는 사람은 타인을 믿을 수 없다.
용기 없는 사람은 현실을 직시할 수 없다.
그러므로 세상에서 가장 중요한 것은 용기이
고 그 외의 모든 것들은 그다음이다.

_오쇼 라즈니쉬Osho Rajneesh

감정의 역할

나는 이 책을 통해 여러분을 심리학자로 만들 생각은 없다. 다만 여러분이 "전쟁에서 이기기 위해서는 적을 알아야 한다"는 전통적인 병법서의 조언을 따라주기만을 바란다. 두려움을 이해하기 위해서는 우선 우리 삶에서 감정들이 어떤 임무를 수행하는지 알 필요가 있다. 감정은 우리의 행동을 지휘하는 조직화된 시스템으로, 결코 우리의 행복을 방해하는 것이 아니다. 두려움과 고통, 슬픔은 일련의 행동을 일으켜 우리를 특정한 상황에서 벗어나게 한다. 마찬가지로 기쁨과 평온함, 침착함은 우리를 가능한 한 특정 상황에 오래 머물게 하는 감정이다. 감정은 특정한 행동을 쉽게도, 어렵게도 만든다. 감정 교육을 통해 항상 기분 좋고 긍정적인 감정을 유지할 수 있다는 믿음은 감정의 기능을 제대로 이해하지 못한 채 아무렇게나 내뱉는 감상주의에 지나지 않는다. 우리는 즐거운 감정에 안주하기 위해서 감정 교육을 하는 것이 아니다. 행동이 감정의 목적이며, 행동을 통해서 우리가 선택한 목표를 실현하게 된다. 긍정적인 감정은 목표 실현의 원동력이 된다. 아리스토텔레스는 아주 오래전, '행복은 어떤 마음 상태가 아니라 활동, 존재 방식이다'라고 했다. 우리는 스포츠 경기에서의 즐거움을 경기가 진행되는 동안 표출한다. 그리고 경기에서 이겼을 때 느끼는 감정은 앞으로도 계속 이기기 위해 끊임없이 훈련하겠다는 마음이 있을 때만 유효하다. 그렇기에 감정 교육은 우리가 처한 상황을 어떻게 받아들여야 하는지 알려주며 그에 따른 가장 적절한 행동을 유도할 수 있는 감정의 촉진을 목적으로 해야 한다.

감정과 느낌의 양면적인 기능을 아는 것이 중요하다. 첫째, 감정은 정보 전달의 기능이 있다. 우리에게 우리가 처한 상황, 몸의 상태, 현실과 충돌하고 있는 우리의 욕망과 기대들의 움직임을 알려준다. 슬픔은 우리가 소중히 여기는 무언가가 사라져버렸음을 알게 되었을 때, 절망은 사라져버린 그것을 되돌릴 수 없음을 알게 되었을 때 느끼게 된다. 분노는 우리의 욕망을 방해받았을 때 표출된다. 감정은 이렇게 우리의 이해와 우선순위를 표출한다. 둘째, 감정은 우리가 이런저런 방식으로 행동하게 만드는 역할을 한다. 감정은 그야말로 최고의 동기 유발자다. 슬픔은 수동성, 눈물, 고독을 촉발한다. 절망은 자살로 이어질 수도 있다. 분노는 난폭함과 공격성을 유발한다. 각자는 다양한 감정에 대응하기 위해 그것이 적절하든 부적절하든 자기만의 반응 스타일을 만들어낸다. 우리가 '바람직한 애도 방식'에 관해 말하는 것은 비통함을 받아들이고 극복하는 적절한 대응방식을 구축했음을 의미한다. 세상에는 자신의 슬픔 속에 묻혀 살면서 거기서 나오기를 거부하는 사람도 있다. 우리는 그런 상황을 이해하기는 하지만 파괴적이라고 말한다.

두려움의 경우, 이와 같은 감정의 두 기능이 명확하게 나타난다. 두려움은 정보 전달의 측면에서 우리 앞에 도사리고 있는 위험을 경고한다. 우리 몸의 안전과 안락함, 자존감 또는 우리 고유의 무언가가 위협받고 있다고 알려준다. 정보 전달 기능은 동기 유발을 촉진해 우리를 살려주기도 한다. 두려움은 매우 불쾌한 감정으로 정말 참기 힘든 경우가 많다. 이 경우 우리가 동원할 수 있는 모든 자원을 사용한다. 공포에 질린 사람들은 물리적인 면을 포함해서 상상하기조차 힘든 일들을 저지르기도 한다. 두려움이라는 불편한 감정에서 벗어나거나 최소화하고 싶은 욕구는 불가피하게 어떤 행동을 일으킨다. 도망가기, 공격하기, 죽은 척하기, 복종하기, 술에 취하기, 기도하기, 위험을 부정하기, 미신적 의식을 행하기, 노이로제나 위궤양 같은 신체적 증상으로 전환하기 등이 그것이다. 잘 알려진 농담 가운데 이런 말이 있다. 어떤 사람이 건너편에서 손뼉을 치며 걷고 있는 친구를 발견하고 말한다. "손뼉은 왜 치고 있어?", "코끼리들을 도망가게 하려고", "무슨 코끼리? 여긴 코끼리가 없는데", "내가 손뼉을 쳐서 없는 거야". 우리 모두 살면서 언젠가 이와 비슷한 행동을 했을 것이다. 두려움과 마주하는 좋은 방법과 나쁜 방법이 있다. 비록 모래에 고개를 쳐박는 어리석은 방법이지만 타조도 스스로 해결책을 찾아낸다. 난관에 봉착한 사람도 문제를 근본적으로 해결하기보다는 눈앞의 문제점을 제거하기 위해서 노력하는데 이것은 그다지 좋은 대처방법이 아니다. 정면 돌파가 두려워 의존적 관계를 성립하는 사람은 항상 똑같은 문제에 부딪힌다. 두려움에서 파생되는 핵심 문제를 해결하여 거기서 벗어날 수 있는 현명한 해결 방법은 위험 요소를 제거하려고 노력하거나 감정을 배제하기 위해 노력하는 것이다.

정확한 언어로 정의하기

심리학에 관심이 있는 독자들은 기존의 많은 심리학 관련 개념들의 정의에 오류가 많고, 종종 중복되는 것이 있음을 알 것이다. 두려움에 대한 개념이 그중 하나다. 우리는 불안, 걱정, 두려움, 스트레스, 공황, 공포증, 수치심, 소심함, 회피적인 행동에 대해 말한다. 위의 단어들은 모두 같은 의미를 지니고 있는 걸까? 두려움에 대한 전문 심리학자 크리스토프 앙드레Christophe Andre는 다음과 같이 말한 바 있다. "불안은 미래에 도사리고 있는 두려움을 인지하며 기다리는 것이다". 이것은 두려움에 대한 고전적인 정의다. 반면 스페인의 심리학자 엔리케 에체부루아Enrique Echeburúa와 파스 델 코랄Paz del Corral은 불안과 두려움을 동일시한다. 정말 두 단어는 비슷한 말인가?

나는《두려움의 해부학》에서 위의 모든 개념을 보다 명확하게 이해하기 위해서 정리를 시도했다. 언어를 통해 우리의 감정

상태를 다양한 레벨로 구분하여 분석하는 심리학에서 정확한 언어의 사용은 매우 중요한 부분이다. 가장 일반적인 레벨은 경계 arousal 단계다. 이 단계는 무언가 새로운 것이 다가오는 것을 감지했을 때 일어나는 감정이다. 우리의 지각 분석 메커니즘은 어떤 행동을 해야 할지 결정하기 위해 활성화된다. 물을 마시던 사슴이 새로운 자극을 인지하자 고개를 들고 귀를 쫑긋하는 행동이 바로 경계 단계에 속한다. 경계 단계에서 감정은 초조함과 근심을 유발한다. 이때 침착함은 사라진다. 내가 어렸을 때 우리 가족에게 전보는 항상 불안감을 유발했다. 당시 전보는 긴박하거나 심각한 일을 알리기 위해서만 사용되었기 때문이다. 어떤 사람들은 마치 매일매일 전보를 받는 것처럼 지속적인 경계 상태, 즉 과도한 감시 상태 속에 사는데 이것은 정말 너무 피곤한 일이다. 초조함은 유쾌할 수도, 불쾌할 수 있다. 크리스마스 전날 밤에 아이들은 흥분한다. 마찬가지로 여행이나 모험을 앞둔 성인들도 이와 같은 감정을 느낀다. 흥분은 유쾌한 초조함이며 불안은 불쾌한 초조함이다. 흥분과 불안 간의 밀접한 관계 때문에 어떤 사람들은 두 감정을 동시에 느끼기도 한다. 어떤 사람들은 모든 변화에, 즉 방학이나 휴가의 시작처럼 그 변화가 유쾌한 것일지라도 마음의 평온이 깨지는 것을 느낀다. 아이들은 지나치게 흥분하면 웃다가 갑자기 눈물을 터뜨리기도 한다. 매우 영향력 있는 심리학자 앨버트 엘리스Albert Ellis는 그의 심리학적 이론을 집약적으로 다룬 저서《불안이 당신을 조절하기 전에 당신이 불안을 조절하는 방법*How to control your anxiety before it controls you*》에서 자신의 유년과 사춘기 시절 고통받았던 사회적 두려움에 대해서 말한다. 앨버트는 똑똑하고 성실했지만 대중 앞에서 무언가를 해야 하는 모든 상황에 공포심을 느꼈다. "열한 살 즈음이었는데 한 번은, 일요 교리 시간에 메달을 따서 사람들 앞에서 상을 받고 교장 선생님에게 감사의 말을 해야 했던 때가 있었다. 나는 강단으로 올라가 메달을 받고 감사의 말을 하고 내 자리로 돌아왔다. 그때 옆에 있던 친구가 물었다. '왜 울어?' 나는 너무 긴장해서 두 눈이 젖어 있었고 친구가 보기에 마치 울고 있는 것처럼 보였던 것이다".

불안감은 매우 광범위한 감정이다. 그래서 심리학 서적들에서는 주로 '일반화된 불안증'에 대해 말한다. 그러나 나는 이 책에서 좀 더 분명히 구분하고자 한다. 우리는 그와 같은 불안을 유발하는 원인을 알 수도 있고 모를 수도 있다. 불안을 유발하는 원인을 알 때 우리는 '두려움(공포)'이라고 한다. 반면 원인을 모를 때는 '불안'이라고 말한다. 정리해보면, 아래와 같은 '두려움의 지도'를 그릴 수 있다.

이로써 우리 프로젝트에서 매우 중요한 두 개의 정의를 정리할 수 있게 되었다.

두려움(공포) 두려움은 구체적인 위협 앞에서 느끼는 불안감이다. 주체는 위험 요소의 등장 앞에 불쾌해 하고 혐오스러워하며 초조함과 스트레스를 느낀다. 이와 같은 감정은 자율신경계를 활성화시키면서 소화기와 호흡기, 심혈관에 불편함을 유발한다. 자기통제 불능 감정과 회피, 공격, 정지, 복종 등의 일부 대처 프로그램들을 행동으로 옮긴다. 영양은 도망가고, 황소는 공격하고, 장수풍뎅이는 죽은 척하고 늑대는 대장 수컷 앞에 복종을 의미하는 행동을 취한다. 인간은 이 모든 반응을 때로는 능숙하게, 때로는 서툴게 섞어서 행동한다.

불안 불안은 어떤 명확한 이유 없이 압박해오는 감정이다. 당사자는 전반적인 위협에 대한 막연한 예감과 회피 프로그램을 실천에 옮기는 데 어려움을 느끼며 불안감을 느낌과 동시에 반복되는 "걱정worries"에 사로잡힌다. "불안"은 스페인어로 "angustia"라고 쓰는데 이 단어는 "angosto"라는 단어에서 파생했다. 본뜻은 '좁은, 출구가 없는'이다. 두려움의 경우, 위험 요소가 감정을 촉발하는 데 반해, 불안의 경우는 감정이 끊임없이 위험 요소를 발견하는 것 같다. 이 책 후반부에 불안의 상상력을 증명할 기회가 있을 것이다. 얼마 전 한 독자가 내게 편지를 보내왔다. "과장하고 싶지는 않지만 전 정말 절망에 빠졌어요. 제 삶은 두려움에 지배당하고 있어요. 끊임없는 이 막연한 두려움을 어떻게 해야 할지 모르겠어요. 두려움은 일과 인간관계, 삶 자체를 뒤흔들고 있어요. 저는 심리학 치료(행동치료)를 통해 이 문제를 해결하려고 2주 전에 정신과 의사를 찾아갔어요. 그런데 의사는 제게 큰 관심은 보이지 않고, 제가 정상적인 이성 능력과 균형감을 가지고 있다고 말하더군요. 저는 제 인생을 이끌고 결정하는 이 두려움의 해결책을 도대체 어디서 찾아야 할지 모르겠어요". 이와 같은 종류의 두려움을 우리는 '불안'이라고 부른다.

불안에는 완전히 선천적인 것도 있다. 예를 들면 간질병의 몇몇 경우가 그렇다. 마르크스Marks는 자신이 상담했던 환자를 예로 들었다. "어떤 여성이 십칠 년 동안 명확한 이유 없이 짧은 공황 발작을 일으켰다. 환자는 갑자기 끔찍할 정도로 겁에 질렸고, 모든 게 끔찍해 보였다. 이 두려움은 너무 강하고 비정상적이었으며 그럴 때마다 항상 '나를 무섭게 하는 게 뭔지 꼭 알아내겠어'라는 생각은 했지만 그게 행동으로 옮겨지지 않았다". 이런 환자들은 종종 이렇게 말한다. "나쁜 일이 일어날 것 같아서 겁이 나요". 많은 건강한 사람들도 이런 생각을 하고 있다. 많은 신경과 전문의들은 지금까지 매우 흥미로운 발견을 해왔다. 용기공장의 연구자인 데이비슨Richard J. Davidson은 불안감을 느끼는 경향이 많은 사람들이 두려움의 원인을 구분하는 데 어려움을 겪는다고 말한다. 그들은 두려움을 유발하는 원인을 독립적으로 보지 않고, 전체적인 맥락 안에서 보고 반응한다. 그리고 그것이 현실의 전부가 되기도 한다. 쥐를 두려워하는 사람이 있다고 상상해보자. 그 사람은 쥐가 아니라 쥐가 나타나는 전반적인 상황에 두려움을 가지고 있다. 시골과 도시, 그리고 집에 쥐가 있을 수 있다. 쥐는 어둠 속에 산다. 그리고 숨어 있다가 갑자기 나타난다. 쥐가 사는 세상은 완전히 위협적으로 변했다. 불안을 느끼는 사람의 머릿속에 세상은 위험한 곳이다. 불안은 실질적인 위험을 인지할 때 느끼는 것이라기보다는 위험의 가능성을 인지할 때 느끼는 것이다. 위대한 시인 라이너 마리아 릴케의 다음의 글을 한번 보자.

길을 잃어버린 모든 두려움이 다시 이 자리에 모였다. 침대 커버 한쪽 귀퉁이에서 한 올의 털실이 삐죽 풀려나올 것에 대한 두려움은 강철 바늘처럼 단단하고 날카롭다. 내 잠옷의 작은 단추에 대한 두려움은 내 머리보다 크고 무겁다. 지금 내 침대에서 떨어지는 빵 한 조각이 마치 유리 조각처럼 땅바닥에 부딪혀 산산조각 날 것 같은 두려움, 그리고 그걸로 모든 것이 영원히 부서질 것 같은 짓누를 수 없는 두려움. 발기발기 찢어진 편지 한 장이 마치 금지된 편지인 것처럼, 형언할 수 없이 소중한 것처럼, 그래서 그것을 보관할 수 있는 안전한 장소가 방 어디에도 없을 것 같은 두려움. 내가 잠이 들면 난로 앞에 있는 석탄 조각이 나를 삼킬 것 같은 두려움. 내 머릿속에 어떤 숫자가 자라기 시작해서 내 머릿속을 꽉 채울 것 같은 두려움. 내가 나를 배반하고 내가 두려워하는 그 모든 것을 말하는 두려움. 그리고 모든 것이 불안정하여 아무것도 말 할 수 없게 되는 두려움. 그리고 또 다른 두려움…… 두려움들.

앞에서 나는 두려움을 정의할 때, 두려움이 유발하는 현상 중 하나로 스트레스를 꼽았다. '스트레스'는 심리학에서 특정 개념이 성공했을 때, 어떤 식으로 사용되는지를 바로 보여주는 좋은 예다. 이 단어는 여기저기서 각종 현상을 설명하는 데 빠지지 않는 상투적인 말로 자리 잡게 되었다. 동기부여 분야에서 잘 알려진 두 명의 학자, 코퍼C. N. Cofer와 애플리M. H. Appley는 벌써 사십 년 전부터 스트레스라는 개념이 "이전에는 불안, 갈등, 좌절, 감정적 동요 등과 같은 다양한 개념들이 공유했던 분야를 가로채 갔다"고 말하고 농담처럼 다음과 같은 말을 덧붙였다. "마치 스트레스라는 단어가 유행해서 비슷한 주제를 연구하고 있던 모든 학자가 스트레스라는 말을 자기 것처럼 가로챈 뒤, 하던 연구를 계속하는 것 같다"고 했다. 단지 이름만 바꾸며 말이다.

엄밀하게 말해서 스트레스는 개인 자원의 한계를 넘는 상황에 대한 생리학적 반응이다. 여기에서 자원이라는 말을 눈여겨볼 필요가 있다. 왜냐하면 UP 모델은 자원 교육법을 토대로 하기 때문이다. 교육은 아이들의 인지적, 감정적 그리고 집행적 자원을 증대시켜야 한다. 스트레스는 과도한 정신적 부담의 결과다. 스트레스를 받는 사람의 집행 능력은 마비되거나 파괴된다. 지속적인 스트레스가 우리 인체에 미치는 파괴적인 영향들은 이미 잘 알려져 있다. 어떤 경우 스트레스는 그것을 유발하는 자극의 강도보다 그 가짓수에 더 큰 영향을 받는다.

한 여성이 자기에게 너무 벅찬 일과가 스트레스의 원인이라며 내게 상담을 받으러 왔다. "나는 일곱 시에 일어나 아이들의 아침 식사를 준비하고 학교까지 데려다줘요. 그런데 회사에 늦지 않으려면 학교 문이 열 때까지 함께 있어 줄 수 없어서 아이들을 그냥 학교 문 앞에 두고 출근하는데 그때부터 걱정이 시작되죠. 차가 신호등에 걸릴 때마다 막간을 이용해서 화장을 해요. 점심은 가능한 한 빨리 먹고 장을 보러 나가요. 매일 누군가—친정 엄마나 옆집 아줌마, 아니면 우리 아이들 친구 엄마 중 한 명—에게 하교할 때 아이들을 집까지 데려다 달라고 부탁해야 해요. 퇴근하고 오면 막내아들이 학교에서 신발을 잃어버렸다고 징징대는데 아무것도 아닌 일처럼 보이지만 이쯤 되면 저는 완전히 이성을 잃죠. 혹시 누가 신발을 보관하고 있을까 해서 학교로 달려가 보지만, 학교 문은 굳게 닫혀 있죠. 결국, 신발가게에 들렀다가 집으로 가죠. 집에 돌아오면 딸아이가 숙제로 쓴 작문을 읽어주고 싶어 하는데, 저녁 식사를 준비해야 해서 제가 요리하는 동안 읽으라고 합니다. 그러면 자신에게 관심이 없다며 울어요. 겨우 달래서 동생 목욕 좀 시키라고 부탁하면 몇 분 후 고함소리와 울음소리, 물 첨벙대는 소리가 온 집안을 뒤흔들어요. 목욕탕으로 뛰어가서 보면 정말 끔찍한 광경이 눈앞에 펼쳐져 있죠. 그사이 감자가 탈 수 있으니 바삐 부엌으로 돌아가요. 한숨 돌릴 틈도 없이 친정 엄마가 전화를 해서 내일은 아빠를 병원에 모시고 가야 해서 아이들을 데리러 갈 수 없다고 해요. 그러면 그때부터 다시 친구들에게 부탁 전화를 돌리기 시작합니다". 이 엄마가 열거한 상황을 하나하나 개별적으로 보면 그 어떤 상황도 절대로 힘겹거나 불쾌하거나 끔찍하지 않다. 문제는 별일 아닌 듯한 많은 일이 한번에 쌓여 있다는 것이다. 그녀는 의심할 여지없이 스트레스를 받고 있고 그녀의 몸은 힘들다는 신호를 보내고 있다. 위험성과 두려움은 매우 빈번한 스트레스 요인 중 하나며 많은 학자들이 두려움을 느낄 때 스트레스를 느낀다고 말한다. 그렇기에 스트레스 해소를 위한 주요 방법 중 일부가 두려움을 치료하는 데도 마찬가지로 도움을 준다.

정상적인 두려움과 병적인 두려움

두려움은 정상적인 것과 과장된 것, 병적인 것이 있다. 이는 그 두려움의 강도가 한 사람의 삶에 어떤 역할을 하는지에 따라 구분할 수 있다. 고대 그리스 사람들은 조절 가능한 두려움을 '데이모스deimos', 그리고 비이성적이며 조절 불가능한 공포를 '포보스phobos'라고 불렀다. 정상적인 두려움은 경험하고 있는 자극의 강도에 알맞은 정도여서 조절과 대응이 가능하다. 나는 개인적으로 이것을 '우호적인 두려움'이라고 말한다. 어느 누구도 한밤중에 소름 끼치는 얼굴을 한 사람과 단둘이 길을 걷고 싶어 하지 않는다. 과장된 두려움은 정상적인 두려움과 마찬가지로 조절이 가능하지만 매우 심각한 불쾌감을 유발한다. 예를 들어, 남을 실망시키지 않기 위해서 과장된 걱정에 사로잡혀 사는 것은 불행한 삶이다. 정상적인 감정과 병적인 감정을 구분 짓는 신뢰할 만한 기준을 찾기는 어렵다. 비행에 대한 두려움은 어떻게 구분해야 할까? 어떻게 보면 이 두려움은 정상적이다. 눈에 보이는 도로가 하늘에 있는 것도 아니니 말이다. 그러나 다른 한편으로 비정상적이기도 하다. 왜냐하면 통계적으로 오직 극소수의 사람만이 비행에 대한 두려움을 가지고 있기 때문이다.

병적인 두려움은 발생부터 그것에 대처하는 조절 단계까지 과도한 경계심을 느끼는 것이다. 이런 두려움은 너무 자주 일어나고 심지어 위험성이 아주 낮거나 없는 경우에도 발생한다. 비둘기를 무서워하는 사람은 비둘기가 새장 안에 있어도 참을 수 없어 한다. 게다가 두려움을 느낄 때의 강도는 모 아니면 도로, 전혀 유연성을 찾아볼 수 없다. 통제 불가능하며 공황 상태로 바로 전환될 수 있다. 감정은 행동 조절을 통해 이루어진다. 인체 방어 시스템이 오히려 해가 될 수 있는 경우도 많다. 크리스토프 앙드레는 기침 반사의 예를 들어 설명한다. 기침은 폐포로 이물질이 들어오는 것을 막아주는 역할을 한다. 그러나 꽃씨 밀리그램으로 유발된 천식 발작은 경계 반응의 불필요하고 해로운 결과이다. "꽃씨는 위험하지 않다. 문제는 지나친 방어 시스템이 작동한다는 데 있다. 호흡곤란과 발작을 일으키는 고통스러운 마른기침은 유용하기보다는 해롭다". 두려움도 마찬가지다. 종종 방어 시스템이 오작동을 일으켜 우리 몸에 해로운 영향을 미치기도 한다. 그러면 우호적인 두려움은 우리를 배반하고 적대적인 두려움으로 바뀐다.

우리는 정상적인 경우일 때 "두려움"이라는 단어를 사용하고 그 두려움이 병적인 것으로 바뀔 때 "공포, 포비아"라는 단어를 사용한다. 어린아이가 두 살 때 낯선 사람을 보고 두려워하는 것은 정상이다. 그런데 서른 살이 되어서도 낯선 사람을 만날 때 참을 수 없는 두려움을 느낀다면 그것은 '사회적 공포증'이라고 부르는 병적인 두려움으로 정신과나 심리 클리닉에서 전문가의 도움을 받아야 한다. 그렇기에 여기서 그 문제는 깊게 다루지 않을 것이다. 물론 병적인 두려움을 가지고 있는 사람도 정신병자는 아니다. 미치지도 않았고 정신지체도 아님을 분명히 밝혀둘 필요가 있다. 다만 겁이 많은 것일 뿐이다. 그 두려움은 건강한 정신 체계에 나타난 병적인 '결절'이다. 중요한 것은 전이가 일어나서 주체를 완전히 삼켜버리는 상태로까지 발전하지 못하게 하는 것이다. 심리학은 다음 여섯 가지 종류의 두려움을 연구한다.

- 공황장애
- 특정 공포증(동물, 피, 광장 공포증 등)
- 사회적 공포증(관계에 대한 공포증, 평가에 대한 공포증, 대중 앞에서 말하는 것에 대한 공포증 등)
- 외상 후 스트레스(강도, 강간 경험 후)

○ 강박적인 집착증(청결 의식, 확인 의식 등)
○ 불안(일반적인 불안증)

　앞서 열거한 두려움들을 모두가 느낀다. 다만 그것을 병적으로 만드는 것은 개인이 느끼는 강도의 차이다. 아이들도 병적인 두려움에 고통받을까? 불행히도 그렇다. 통계에 따르면 현재 어린이와 청소년들의 정신병리학 수치는 증가 추세에 있는데 이는 우려할 만한 수준이다. 세계보건기구는 전 세계 10~20퍼센트의 어린이와 청소년들이 실질적으로 심리 치료를 받아야 함에도 불구하고 적절한 진단과 치료를 받지 못하고 있다고 지적한다. 어른과 마찬가지로 모든 어린아이와 청소년들은 두려움을 느낀다. 에체부루아와 산딘의 연구 통계에 따르면, 40퍼센트 이상의 아이들이 강한 두려움을 느낀다고 한다. 신뢰할 만한 또 다른 연구에 의하면 약 10~12퍼센트의 아이와 청소년들이 병적인 두려움의 문제를 가지고 있다고 한다. 역학 연구에 따르면 불안증은 취학 연령 아이들에게 가장 빈번히 나타나는 현상이다. 아이들은 회피 또는 도피 행동을 통해 두려움이 반감된다고 느끼게 되면, 두려울 때마다 습관적으로 도망치게 된다. 미신을 믿는 사람의 마음처럼 말이다. 예를 들어 토끼 다리를 벽에 걸어놓아야 운이 좋아진다고 믿는 사람이 있다고 하자. 어느 날 갑자기 토끼 다리가 사라지면 그 사람은 불안감 때문에 기절할 수도 있다. 위대한 생리학자 월터 캐넌은 한 아프리카 남성의 시체를 연구한 적이 있다. 그는 자신이 부족에서 금지한 행동을 했다는 걸 알게 되자마자 갑자기 사망했다. 그 남자는 말 그대로 무서워서 죽었다. 그가 느낀 강한 두려움이 격렬한 동맥 수축을 일으켰고 그를 죽음으로 몰아넣었다. 도망가는 것 역시 중독성이 있는 진정제의 한 종류다. 병의 징후는 반응이 비이성적이고 파괴적일 때 나타난다. 아동 불안증 전문가인 앨빈 하우스는 다음과 같이 말한다. "의사 생활 초기에 나는 뱀에 대한 공포증을 가지고 있던 청소년을 만났다. 그는 같은 방을 쓰는 친구가 장난으로 고무 뱀을 던지자 이층 창밖으로 뛰어내리며 반응했다. 그는 자신도 비이성적이라는 걸 알고 있었지만 공포증 때문에 심각한 외상을 입었다". 만약 불안이 지속적이고 꽤 비중 있게 불쾌한 감정을 유발하며 일상 행동을 수행할 수 없게 만든다면 전문가를 찾아야 한다.

많은 공포증이 유년기와 청소년기에 나타난다. 그리고 생각보다 많은 아이와 청소년에게 나타나는 집착적 강박증에 대해서 많은 사람이 흔한 증상으로 수용하는 추세다. 강박증의 가장 흔한 예는 더러움에 오염되는 것에 대한 두려움이다. 이런 사람은 반복적으로 손 씻는 것에 강박증을 가지고 있다. 나는 한 독자로부터 사춘기 때 밤마다 몽정 때문에 불안에 떨었던 경험을 들었다. 그는 무의식 중에 한 일이지만, 몽정이 윤리적으로 타락한 것이라 생각하여 걱정했다. 그의 이러한 사고방식은 어른이 되어 정상적인 성관계에까지 부정적인 영향을 미쳤다고 했다.

분리불안은 아이들에게 가장 흔하게 나타나는 불안증 중 하나다. 이 증상은 전 세계 심리학자들이 성경책처럼 여기는《정신 장애의 진단 및 통계 편람DMS-Ⅳ》의 "유아, 아동 그리고 청소년 기에 나타나는 초기 증상" 장에서 계속 다루고 있다. 많은 전문가 들은 여기에 학교 공포증도 포함시킨다. 청소년기를 다루는 장에 서 나는 이 시기에 나타날 수 있는 두 가지 두려움에 대해서 다룰 것이다. 그것은 거식증과 사회적 공포증이다.

　두려움의 지도는 다음 장에서 마무리짓도록 하겠다.

용기공장

The Courage Factory

—

용기공장에 제일 먼저 초대한 사람은 파리 생탄병원 인지행동치료 분과를 이끄는 프랑스 심리학자 크리스토프 앙드레다. 나에게 용기공장 아이디어를 준 사람도 그였다.

저자 두려움을 어떻게 학습시킬 수 있죠?

크리스토프 앙드레 감정 뇌는 행동을 통해서만 바뀝니다. 두려움을 회상하거나 내성을 통해서 지배하려는 시도는 쓸모가 없습니다. 만약 어떤 사람이 자신의 정신적 갈등의 이유를 찾고 싶다면 수없이 많은 이유를 발견할 겁니다. 그런데 그게 모두 진실이 아닐 수 있죠. 두려움은 동물처럼 길들여야 합니다. 인내심을 가지고 부드럽게 말입니다.

저자 정신분석학에 동의하시는 것 같지 않네요.

크리스토프 앙드레 네. 적어도 공포증 치료에 한에서는 그렇습니다. 저명한 아동 심리분석학자 중 한 명인 세르지오 레보비치 Sergio Lebovici는 좋은 조건으로 치료를 받았는데도 불구하고 15세 이후에도 계속 학교 공포증에 시달린 사례를 언급한 적 있죠. 결과에 그다지 관심이 없어 보였어요. 그는 대중을 위해 정신분석학의 시각에서 공포증을 다룬 책에서도 고작 3페이지만 공포증 치료를 다루고 있습니다.

저자 피에르 레이Pierre Rey의 《라캉과 함께한 계절Une saison chez Lacan》이 생각나네요. 그는 이 책에서 십 년간의 치료 경험을 저술하는데 "절대 완쾌에 대해 말하지 않는다"는 점이 이상하다고 언급합니다. 저는 정신과 의사와 관련된 농담을 좋아하는데 우디 알렌의 영화 〈애니 홀〉의 대사 한 토막을 말씀드리죠. "나도 역시 정신분석을 받는 중인데, 이제 고작 십오 년 정도밖에 안 됐지. 내 정신과 의사에게 일 년만 더 시간을 주려고. 만약 그때도 고쳐지지 않으면 다른 의사를 찾아가볼 생각이야". 다른 주제로 넘어가서, 두려움은 어디서 비롯되죠?

크리스토프 앙드레 두려움은 후성설後成說 기원을 가지고 있어요. 인간 내부의 성향이 경험에 의해 활성화되는 거죠. 당뇨병과 비슷한 거라 생각하면 되요. 유전적으로 당뇨병에 취약한 사람이 있다고 칩시다. 이 사람이 만약 에스키모인들과 산다면, 즉 활동적인 삶을 살고 생선을 많이 섭취한다면 당뇨병이 발병하지 않을 수 있죠. 반면 같은 사람이 뉴욕에 살면서 하루에 여섯 시간씩 텔레비전을 보고 단 음식과 고열량의 즉석식품을 먹는다면, 당뇨병이 발병할 확률이 높습니다. 두려움에 취약한 아이도 마찬가지로 어떤 삶을 사느냐에 따라 다른 결과를 가질 수 있게 되겠죠.

저자 제가 지금 이 책에서 할애하고 있는 용기공장, 즉 The Courage Factory는 당신이 한 말에서 비롯되었어요. "두려움 학교를 만드는 게 좋을 수 있다"고 말씀하신 적이 있는데, 정확하게 그 말은 무슨 뜻이었죠?

크리스토프 앙드레 나는 고혈압, 당뇨병, 천식 전문의들과 많이 일해왔어요. 모두 환자들에게 질병을 안고 생존하는 방법을 가르치려고 노력하더군요. 호흡기 질환 전문의들에게는 '천식 학교'라는 곳이 있어서 환자와 그 가족들에게 천식의 메커니즘을 가르쳤습니다. 그 결과는 정말 놀라웠습니다. 환자들은 자신의 병에 훨씬 더 잘 대처해나갔어요. 그래서 생각했죠. '두려움 학교'가 천식이나 당뇨병 학교와 같은 서비스를 환자들에게 제공하면 어떨까? 환자들이 두려움을 심각하게 생각하지 않게 하고, 상처받지 않게 하고, 두려움에 대한 정보를 알게 하는 것. 저는 진료실에서 환자들에게 과도한 두려움의 메커니즘을 설명하기 위해 많은 시간을 할애합니다. 저는 환자들에게 죄책감의 악순환과 쓸모없는 질문들(내게 일어나는 일들이 모두 나 때문인가?)에서 빠져나와 행동(내 문제를 해결하기 위해 내가 할 수 있는 일은 무엇일까?)하게 합니다. 제가 치료한 버나드라는 환자에 관해 말씀드리죠. 그는 사회적 공포증의 발현 방식 중 하나인 홍조 공포증, 즉 남들 앞에서 얼굴이 빨개지는 것에 대한 공포증을 앓던 기업인이었죠. 십 년 동안 아무짝에도 도움이 되지 않는 정신분석 상담을 받아왔고, 술에 의존한 채 우울증을 앓고 있었죠. 죄책감과 가족력 사이에서 완전히 길을 잃어버린 상태였어요. 저는 그에게 그와 똑같은 문제로 고통받는 환자 두 명과 함께 그룹 세션을 권했습니다. 언제나처럼 각자 자기소개를 하고 사람들에게 자신의 문제를 말하라고 했어요. 버나드는 마지막 순서에 말하라고 했죠. 다른 환자들이 자신의 이야기를 하는 동안 저는 버나드를 관찰했습니다. 얼굴이 창백했죠. 그의 차례가 오자, 버나드는 감동한 목소리로 말했어요. "지금까지 저는 저만 이런 문제를 가지고 있는 줄 알았어요. 모든 게 가족력 때문이라고 생각했는데, 이제야 그게 다가 아니었다는 걸 깨닫게 되었습니다". 다른 사람들을 통해 자기 자신만 고통받고 있다고 생각했던 문제를 다른 시각으로 바라보게 된 것입니다. 중요한 것은 행동하는 것이지 분석하는 게 아닙니다. 두려움에 관해서 근원을 파헤치고 원인을 분석하는 것은 그다지 큰 도움이 되지 않아요. 왜냐하면, 뿌리를 파헤치다 결국 거기서 못 나올 수도 있거든요.

저자 '자존감'에 관한 당신의 다른 책에서도 마찬가지로 단순한 분석은 효율적이지 않으며 오직 행동만이 우리를 바꾼다고 말했죠. 여기서의 '행동'은 주체가 행하는 모든 정신 또는 신체적 활동을 말하는 거라고 생각해요. 당신이 한 말을 인용해서 예를 들자면 "우리 감정 뇌를 설득해서" 두려워할 필요가 없음을 깨닫게 해야 하는 거였죠. 두려움을 느끼는 것은 사람이 아니라 그 사람의 뇌라고 언급한 것이 매우 흥미로웠어요.

크리스토프 앙드레 실제로 두려움은 자동으로 발생해요. 당신도 알다시피 뇌에는 편도체가 있는데 이것이 우리에게 두려움을 느끼게 하죠. 자기공명 기술을 통해 우리는 매우 흥미로운 사실을 발견했죠. 여러 사람 앞에서 말하기와 같이 걱정스러운 상황이 되면, 편도체는 더 많은 피를 받더라고요. 즉 산소를 더 많이 소비하고, 더 활동적이 된다는 겁니다. 마찬가지로 생각과 언어를 담당하는 대뇌피질도 더 많은 피를 공급받았습니다. 반면 과장된 두려움을 느끼는 사람의 경우, 편도체는 피를 더 많이 공급받지만 대뇌피질은 그렇지 못했습니다.

저자 마치 편도체가 대뇌피질을 인질로 잡는 거와 같겠네요.

크리스토프 앙드레 실제로 그래요. 그래서 엄청난 두려움을 겪은 이들은 곧잘 이렇게 말하죠. "머리가 백지 같았어", "아무것도 생각할 수 없었어". 그냥 은유처럼 하는 말이 아닙니다. 진짜 뇌에서 그런 일이 발생합니다.

저자 우리 뇌를 바꿀 수 있을까요?

크리스토프 앙드레 이제 가능하다는 걸 알게 되었죠. 제대로
된 심리요법을 통해서 가능합니다.

저자 유아기의 두려움에 대해 걱정해야 할까요?

크리스토프 앙드레 대부분 유아기 때의 두려움은 사라집니다.
어떤 것들은 지나친 두려움으로 남을 수 있고 어떤 것들은 공포증으
로 발전할 수도 있죠. 그러나 유아기 두려움의 23퍼센트 정도는 또
다른 종류의 불안증을 숨기고 있을 수 있기 때문에 가능한 한 빨리
치료하는 게 좋습니다.

2

지도를
완성하다

나태는 두려움을 배양한다.
행동은 자신감과 용기를 배양한다.
만약 두려움을 극복하고 싶다면
집에 앉아서 두려움만 생각하고 있지 말라.
밖으로 나가 행동하라.

_데일 카네기|Dale Carnegie

선천적 두려움과 후천적 두려움

계속해서 감정의 정글을 탐험해보도록 하자. 두려움에는 선천적 두려움과 후천적 두려움이 있다. 선천적 두려움은 학습되지 않은 원인으로 유발되는 것을 말한다. 요즘, 우리 학생들이 가장 두려워하는 것은 휴대전화기를 잃어버리는 것이다. 이런 종류의 두려움은 당연히 선천적인 두려움이 아니다.

뱀을 잡아먹는 새들은 독사에 대한 선천적인 두려움을 가지고 있다. 백 년도 훨씬 전에 스폴딩Spalding은 매나 매의 울음소리를 듣기만 해도 선천적인 두려움을 느끼는 병아리를 묘사한 바 있다. 로렌츠Lorenz는 방금 알을 깨고 나온 오리 새끼들 주변에 어렴풋이 매로 보이는 그림자를 연출하며 오리 새끼들을 놀라게 했다. 사육당한 붉은 털 원숭이는 사나운 원숭이 사진을 보면 고개를 돌린다. 많은 동물들은 적의 냄새를 맡기만 해도 도망간다. 어떤 방울뱀은 진짜 뱀, 다시 말해 포식자가 도사리고 있는 야생의 서식지에 풀어놓으면 본능적으로 공격을 받는 것처럼 뒤로 물러선다. 상처 입거나 공포에 떨고 있는 동종들의 냄새만 맡아도 도망치려는 본능이 발동하기도 한다. 갓 태어난 개구리들은 다친

동종 개구리를 보면 재빠르게 도망가고 그 뒤로 오랜 기간 그 장소를 회피한다.

인간도 마찬가지로 학습되지 않은 자극에 반응한다. 예를 들면 큰 소음, 불꽃, 예기치 않은 촉각 자극처럼 갑작스럽고 강한 자극은 불안을 유발한다. 방향감을 잃고 갈팡질팡하는 느낌은 본능적으로 매우 강도 높은 불쾌감으로 간주된다. 캐나다 심리학자 도널드 헵Donald Hebb은 어둠이 침팬지와 아이들에게 두려움을 느끼게 한다는 걸 발견했다. 아기들은 기어다니기 시작하면서 높이에 대한 두려움을 느낀다. 분리에 대한 두려움은 매우 보호적인 기능을 가지고 있다. 이렇듯이 선천적인 두려움이 있다. 우리는 좋아하는 것과 싫어하는 것으로 가득 찬 세상에 신중함과 열의를 가지고 태어난다. 아주 오래전 다윈은 특정 두려움도 종에 따라 진화한다고 말했다. 각 종의 지각 체계는 특정 자극에 더 예민하게 반응하도록 맞춰져 있는 듯하다. 어떤 두려움은 우리에게 불가피한 손님처럼 보인다. 적절한 노력 시스템만 수립하면 학습할 수 있다고 믿었던 행동주의자들의 신념과는 반대로 특정 두려움에 대한 생물학적 성향이 존재한다. 우리 안에서 태어난 붉은 털 원숭이는 뱀을 두려워하지 않았다. 그러나 어른 원숭이가 뱀을 보고 놀라는 걸 보는 것만으로도 곧바로 동일한 두려움을 느끼게 된다. 어떻게 뱀에 대한 두려움을 그렇게 빨리 학습할 수 있었을까? 이는 그러한 경험에 대한 특별한 예민함이 그들 내부에 생물학적으로 존재한다는 걸 인정해야만 가능하다. 아이들의 언어 학습 또한 이와 같은 학습 성향에 대한 또 다른 놀랍고 명확한 예라고 할 수 있다. 아이들은 어떤 특정 언어 환경에 놓이면 그 언어를 배운다. 신경학자들은 우리가 태어나면서부터 '두려움 모듈'을 가지고 있다고 말한다. 두려움 모듈은 독립적으로 작동하며 우리의 인지 조절 능력 밖에 있다. 즉, 이성에 좌우되지 않는다는 말이다. 오만Ohman은 근대 인간은 조상들의 생존을 위협했던 상황에 대해서 선천적으로 두려움을 느끼게끔 태어났으며 우리는 그 두려움에 사로잡혀 살고 있다고 주장했다. 그는 많은 두려움이 '고고학적 유물'이라고 생각했다.

정상적 두려움의 정상적 진화

한 개인이 느끼는 모든 종류의 두려움은 동시다발적으로 나타나는 게 아니다. 이들은 개체가 성장함에 따라 나타났다가 사라지며 변화한다. 정상적인 두려움이 나타나고 사라지는 모습은 예견할 수 있다. 정상적인 두려움은 그 모습을 드러내기 시작하다가 규칙적으로 나타나는 단계를 거쳐 사라진다. 분리와 낯선 어른들에 대한 유아기의 두려움은 8개월부터 22개월 정도 유아에게 보편적으로 나타난다. 같은 또래 낯선 아이들에 대한 두려움은 조금 더 자란 후에 나타나며 동물과 어둠에 대한 두려움은 그보다 더 후에 나타난다. 이런 현상은 모든 문화권에서 동일하게 나타나는 것 같다. 미국, 과테말라, 잠비아에서 부시먼, 호피족, 간다족을 대상으로 낯선 사람들에 대한 두려움을 연구했는데, 세 문화권 원주민 모두가 비슷한 반응을 보였다. 앞서 말한 것처럼 생후 8개월 또는 그전에 낯선 사람을 보고 미소가 경직되는 것이 바로 첫 번째 두려움의 신호라고 할 수 있다. 이런 경향은 두 살이 되면 약해지는데 아마도 이는 낯선 이를 만났을 때 취해야 하는 행동을 배웠기 때문일 것이다. 그러나 낯가림이 지속되어 굳어지면 소심함으로 변화할 수 있다. 마찬가지로 분리불안도 시각장애를 가진 아이들을 포함한 모든 아이에게서 유사하게 나타난다.

이처럼 개체별로 나타나는 두려움은 주변과의 상호작용 아래 유전자적 조절 능력의 성숙도에 의해 좌우되는 듯하다. 인간은 지금까지의 진화 과정에서 크게 두 가지 필요성을 가지고 있었다. 하나는 포식자와 질병으로부터 자유로워지는 것이고, 또다른 하나는 타인과 더불어 사는 것이었다. 인간의 생존을 위한 필수불가결의 두 가지 필요성은 두 가지 두려움을 불러왔는데, 이는 바로 주변 위험에 대한 두려움과 사회적 단절에 대한 두려움이다. 동물에 대한 공포는 첫 번째 두려움에 속한다. 마찬가지로 건강을 지키는 데 도움이 되는 더러운 것에 대한 역겨움도 이종류의 두려움과 연결되어 있다. 이 두 가지 모두 주변에 대한 혐오적인 반응을 끌어낸다. 두 번째 두려움은 사회적 공포다. 우리는 타인의 감정과 의도에 매우 예민할 수밖에 없다. 다른 사람의 표정은 우리 내부에서 과연 어떻게 대응해야 할지 고민하게 하는 감정을 일으킨다. 사회적 공포증을 앓고 있는 사람들에게 타인의 시선은 매우 위협적이다. 타인의 화난 표정이나 무서운 표정은 그들 내부에 감정적 소요를 일으키는 매우 강력한 자극제 역할을 한다. 이런 두려움은 보통 나이가 들면 사라진다. 만약 사라지지 않고 고질화된다면 불쾌감을 유발하고 최악의 경우, 병적으로 변화될 수도 있다. 진화하는 두려움에 대한 교육은 각 시기에 나타나는 두려움에 대해 아이들이 그때그때 적절히 극복할 수 있도록 도와주는 데 초점을 맞춰야 한다.

여기까지가 선천적인 두려움에 관한 것이다. 선천적인 두려움은 우리 내부에서 떼어내기 어려운, 보편적인 것이다. 그러나 한 가지 명심할 것은 우리가 느끼는 대부분의 두려움은 후천적이라는 사실이다.

왜 어떤 아이는 다른 아이들보다 더 두려움을 느낄까

앞서 보았듯이, 동물에게서 두려움이 유전된다는 것을 증명할 수 있었다. 모든 포유류 집단에서 다른 개체보다 두려움을 느끼는 정도가 더 높은 개체가 존재하는 듯하다. 홀Hall 과 브로드허스트 Broadhurst는 선택적 교배 방법을 활용해서 두려움이 많은 쥐 혈통과 두려움이 없는 쥐 혈통을 만들어냈다. 그리고 두 집단을 홀은 "모즐리 반응"과 "모즐리 무반응"으로, 브로드허스트는 "감정적"과 "비감정적"으로 명명했다. 두려움에 취약한 혈통은 선천적으로 두려움에 더 예민해서 조건화된 두려움에 더 강하게 반응했다. 이 혈통의 쥐들에게 여러 차례 전기 충격이나 강한 소음을 경험하게 한 뒤, 얼마 후 이와 유사한 상황에 놓이게 되면 이들은 그 상황이 두렵다는 것을 더 빨리 습득했다. 게다가 이런 식으로 학습된 두려움은 둔감해지기까지 더 많은 시간을 필요로 했다.

인간의 경우에도 두려움에 더 예민한 아이들이 있다. 즉, 더 두려움을 많이 타는 '성격'을 가지고 태어나는 것이다. 이런 아이들은 위험 신호를 감지하고 중성적 자극을 위협적인 것으로 해석하는 데 특히 예민하다. 버지니아 울프가 자기 자신에 대해 쓴 말을 인용하자면, "세상에 발가벗겨진 상태로 존재"하는 것이다. 버지니아 울프는 어려서부터 상처받기 쉬운 예민한 성격이었다. 태생적으로 섬세하고, 신경질적이며 흥분을 잘했으며 사람들에 대한 두려움이 너무도 강렬해서 누군가 자신을 바라보기만 해도 얼굴이 빨개졌다. 그녀에게는 오직 집 안만이 안전한 곳이었다. 그녀는 유년기 후반에 가벼운 신경쇠약을 경험한다. 그녀는 "외부로부터 위험"에 노출된 듯한 느낌에 지배당했고 "일상적인 삶을 영위하는 것"이 불가능하게 느껴졌다.

여기서 설명을 그만두고 싶지만 신경과학이 우리에게 말해주는 사실이 너무 흥미로워 여러분과 조금 더 이야기하고자 한다. 데이비슨은 '부정적 감수성' 또는 심한 '행동 억제' 성향을 가지고 있는 아이들에 대해서 말해준다. 이 아이들은 소심하며 두려움에 큰 취약함을 가지고 태어난다. 출생 후 초기 몇 달 동안 많은 아이가 매우 높은 수준의 억압 상태에서 강렬한 반응을 표출하는데 이는 울음, 짜증, 높은 수준의 운동 및 감정 표현들이다. 케이건Jerom Kagan은 회피적 성격이 경계 둘레 계통limbic system

의 둘레엽과 관계가 있다고 믿는다. 특히 편도체, 해마와 관련이 깊다. 이들은 스트레스에 더 취약하다. 누구나 주변 환경으로부터 '공격'받을 수 있다. 그러나 여기서 문제는 그 강도다. 공격에 대하여 어떤 사람은 더 약하게 그리고 어떤 사람은 더 강하게 느낀다. 어떤 사람이 상처받기 쉬운 성격을 가지고 있다면, 외부의 모든 자극이 내부로 모두 들어온다. 과민증이 있는 사람은 주변의 자극을 고통스러운 공격으로 감지한다. 이런 종류의 사람이 가지고 있는 취약성은 두려움의 감정에도 적용된다. 만약 누군가가 두려움과 공포를 느낀다면 그것은 용기가 부족해서가 아니라 위험에 직면했을 때 느끼는 감정 동요가 과도하기 때문이다. 아이젠크Hans Jürgen Eysenck는 대뇌피질 활성 수준에 따라 주요 성격 범위를 내향적 그리고 외향적으로 정의했다. 내향적인 사람은 대뇌피질 활동이 매우 왕성하여 강한 자극을 받으면 바로 심한 불안감을 느끼게 된다. 그래서 그들은 강한 자극을 회피하려고 한다. 그들은 조용하고 틀에 박혀 있으며 사회적 교류를 최소화하며 살기를 바란다. 반면 외향적인 사람은 대뇌피질 활동이 아주 낮아서 계속해서 자극을 받아 그 활동량을 늘리려고 한다. 이들은 소위 말하는 '감정 사냥꾼'으로, 소란스러운 환경 또는 위험한 행동을 필요로 한다. 이들은 대담한 사람들로 분류되는, 태어날 때부터 용감한 사람들이다. 이 부분은 나중에 좀 더 설명하도록 하겠다.

그레이는 약간 다른 모델을 제시했는데, 여기서 두 종류의 성향을 구분 짓는 주요 요소는 "불안"과 "충동"이다. 불안은 행동 억제 시스템과 연관이 있는 것으로 케이건이 사용한 어휘가 다시 등장한다. 불안은 도망가 멀리 떨어지고 피하고 싶은 충동을 일으킨다. 그 반대편 끝에 행동 우호 시스템이 있는데, 이런 경우 행동을 촉발한다. 교육자들에게 이 주제는 매우 중요하다. 상을 받지 못하더라도 우선 불쾌감을 피하는 걸 선호하는 사람들이 있다. 이들은 지속해서 한 발짝 뒤에 물러서서 안전한 장소를 물색한다. 그 무엇도 "행동할 만한 가치가 없다". 왜냐하면 어떤 식의 행동이든 그들에게는 너무 큰 고통을 가져다주기 때문이다.

우리는 두려움에 취약한 성향이라는 매우 복잡한 문제에 대해 개념적으로 접근하고 있다. 여러분도 이런 성향인 것 같은가? 여러분의 아이가 여기에 속하는가? 부정적인 감정과 부정적인 자극, 불안에 과민한 반응을 보이는 유전적인 성향이 존재하는 것 같다. 그렇다면 우리의 감정적 운명이 우리가 물려받은 유전자에 좌지우지되는 것일까? 일단 유전자의 영향에 대한 신화를 깨뜨리는 것이 좋을 것 같다. 유전자가 복합적인 행동을 정의하지 않는다는 걸 잊지 말자. 지능이나 시기심, 또는 외식을 좋아하는 성향 등이 유전자에 의해 좌우되지 않는다. 물론 유전학자 소콜로스키Sokolowski는 반대로 생각하지만 말이다. 유전자는 단백질 생산에 관여한다. 그게 전부다. 우리가 얼마나 빈번하게 아무렇지도 않게 유전자에 대해 언급하는지 몇몇 기술적 자료를 근거로 말하겠다. 불안과 두려움에 취약한 성향은 세로토닌의 생산,

운반 그리고 신진대사의 영향을 받는다. 1996년 불안을 유발하는 유전자 중 하나가 발견되었는데 그것은 바로 SLC6A4 유전자로 염색체 17q12에 위치해 있었다. 불안, 비관주의 그리고 부정적인 생각에 취약한 개체는 이 염색체가 더 짧았다. 병적인 소심증을 보이는 아이들에게 심지어 "소심한 뇌"라는 말까지 하게 되었다.

학자들은 부정적인 감정의 50퍼센트는 유전에, 그리고 다른 50퍼센트는 학습에 의해 좌우된다고 보고 있다. 이 책의 제4장에서 나는 아이들이 감정 조절을 어떻게 학습하는지 자세히 다룰 것이다. 아이의 유년 시절에 부모가 해야 할 가장 중요한 과제는 아이 스스로 점점 더 커지는 긴장감을 극복하고 자신의 감정을 잘 조절할 수 있는 능력을 키우도록 도와주는 것이다. 존 고트만은 부모의 보살핌이 스트레스를 주는 사건에 반응하는 아이들의 "막연한 태도"를 바꿀 수 있다고 지적했다. 이 모든 연구들은 인간이 생물학적 그리고 교육적 결합체임을 보여준다.

두려움 부재의 병리학

두려움을 구성하는 방향 시스템은 과도한 감수성, 혹은 감수성의 부재로 방해받을 수 있다. 캐나다 브리티시컬럼비아대학교의 심리학자 로버트 헤어Robert Hare 박사는 반사회성 인격장애, 사이코패스 연구의 권위자다. 그는 사이코패스에게는 편도체 및 이와 관련된 뇌 회로 기능에서 특정 불규칙이 발생해서 공감 및 감정 능력이 결여되어 있음을 발견한다. 예를 들어, 전기충격을 받는 정신병자들은 정상인이라면 당연히 느낄 고통에 대해 두려워하는 모습을 보이지 않는다. 이들에게 고통의 예감은 불안감을 조장하지 않기 때문이다. 헤어는 정신병자들은 자신의 행동에 따른 가능한 결과를 걱정하지 않는다고 설명한다.

위험을 감지하는 능력은 경험을 통해 완벽해진다. 사춘기 아이들은 위험을 명확하게 인지하지 못하기 때문에 종종 위험한 행동에 대한 충동을 느낀다. 결국 아리스토텔레스의 말이 아직도 유효하다. 중요한 것은 무엇을 두려워해야 하는지 알고 그에 따라 어떻게 행동해야 하는지 아는 것이다.

용기공장

The Courage Factory

—

다시 용기공장에 들어갈 시간이 왔다. 만약 용기공장을 방문할 생각이 없다면 바로 다음 장으로 넘어가도 된다. 앞서 말한 것처럼 나는 이 공간에 두려움을 청소하는 데 함께하고 싶은 전문가들을 초대하고자 한다. 여기에 들어오는 것은 마치 내 꿈속에 들어오는 것과 같다. 이 말은 어떻게 보면 여러분에게는 이 공간이 재미없을 수도 있다는 뜻이다. 이 소설 같은 공간은 어떻게 보면 유치할 수도 있으나 은근슬쩍 내가 책을 쓰는 데 도움을 준 참고문헌들을 소개하는 공간이기도 하다.

이 공장의 1층에는 일차 학자들이 있다. 이들은 행동과 연결된 일반적 감정과 신경학적 구조를 연구하는 사람들이다. 영어는 스페인어에 없는 구분을 하는데 그것은 감정emotion과 느낌feeling의 차이다. 감정은 어떤 경험으로 인해 한 개체의 내부에서 일어나는 생리학적 동요다. 개체는 그것을 인식할 수도, 인식하지 못할 수도 있다. 만약 인식한다면 그 감정은 느낌으로 변한다. 이 공장의 1층에서 연구하는 학자들은 두려움의 생물학적 메커니즘에 집중한다. 공장의 높은 층으로 이동할 때마다 경험은 더 복잡해질 것이다. 나는 감정신경학 분야의 네 명의 권위자를 초대했다.

에드먼드 T. 롤스Edmund T. Rolls는 옥스퍼드대학교 뇌과학원에서 활동하고 있는 연구자다. 과학정보연구소 〈인덱스 저널〉에 따르면 뇌신경학 분야에서 가장 많이 논문이 인용되는 연구자 가운데 한 명이다. 나는 얼마 전부터 그의 이론을 열심히 따르고 있는데, 왜냐하면 감정에 관한 그의 이론은 간단하지만 신빙성이 있기 때문이다. 모든 느낌과 감정, 열망, 로맨틱한 떨림은 우리 뇌의 기본 구조에 그 뿌리를 두고 있다. 그것은 바로 당근과 채찍, 상벌 시스템으로 우리의 행동 방향을 결정짓는 데 중요한 역할을 한다. 아이는 미지의 세계에 내던져진 존재란 것을 잊지 말자. 상과 벌은 아이에게 GPS와 같은 존재다. 즐거움은 상이고 아픔은 벌이다. 욕망은 상이 있어야 하는, 또는 상을 기대하는 경험이며 두 경우 모두 부족함과 기대를 만족시키기 위해서 우리를 움직인다. 갈증은 매우 불쾌한 감정으로 물을 찾게 만들며, 물을 마시는 행위는 그 불쾌한 느낌을 해소하기 때문에 즐거움을 준다. 이러한 기본 구조로부터 우리 느낌은 바로크적인 건축물로 만들어진다. 문화는 애절하거나 미적이거나 또는 종교적인 매우 섬세한 원인들을 서로 연결해왔다. 상에 대한 기대는 행동 우호적이며 벌에 대한 예감은 회피적 행동을 일으킨다.

롤스 상은 우리에게 촉진제 역할을 합니다. 멋진 사실은 음식, 마실 것, 섹스, 동반자 등과 같은 일차적 촉진제가 이차적 촉진제들에 에너지를 공급한다는 사실이죠. 그렇게 기본적인 시스템이 엄청난 효과를 만든다는 건 놀라운 일입니다. 우리가 말하는 "동기"가 여기에 속합니다. 동기는 우리가 목표를 설정하게 하고 감정은 우리가 목표를 달성하고 있는지를 말해줍니다.

두 번째 학자 조지프 르두Joseph LeDoux는 두려움의 신경학 분야에 지대한 공헌을 한 학자다. 그는 두 가지 문제에 관심을 가졌다. 첫 번째는 '위험은 어떻게 감지되고 평가될까?', 두 번째는 '반응 시스템은 어떻게 촉진될까?'이다. 두 가지 위험 감지 시스템이 있다. 첫 번째 것은 급조된 엉성한 것으로 주의 부족으로 감지된 위험성이기에 틀리기도 한다. 이 때 자극은 신속한 평가에 들어가는데 이것을 수행하는 기관은 편도체라는 것이다. 편도체는 아몬드 모양의 기관으로 변연계에 자리 잡고 있다. 두 번째 것은 느리지만 정확하며 대뇌피질에 자리 잡고 있으며 훨씬 더 섬세하다. 우리가 시골길을 산책하고 있다고 상상해보자. 바닥에 떨어져 있는 나뭇가지가 보인다. 우리는 깜짝 놀란다. 왜냐하면 편도체가 앞에 보이는 나뭇가지를 뱀으로 잘못 감지했기 때문이다. 그러나 우리의 대뇌피질은 더욱 천천히 자극을 분석하여 결론적으로 나뭇가지임을 확인한다. 덕분에 우리는 다시 차분한 마음으로 산책을 계속할 수 있는 것이다.

르두 우리 뇌는 매우 조심스러워요. 바닥에 무언가 긴 형태의 것이 떨어져 있는 걸 보면, 그것이 나뭇가지라도 일단은 뱀이라고 생각하며 혼동하여 조심하는 게 더 낫다고 생각하거든요.

르두는 이 과정에서 우려할 만한 점을 발견했다. 두려움에 대한 우리 기억의 일부는 지워지지 않는다는 사실이다. 두려움에 대한 기억은 편도체에 보관되어 시간이 지나도 지워지지 않는다. 이것은 매우 유용할 수도 있다. 왜냐하면, 실제로 위험한 상황을 영원히 기억할 필요가 있기 때문이다. 그러나 반대로 파괴적인 효과도 있다. 만약 편도체가 감지한 위험이 허구이거나 환경이 변하면 같이 변하는 성질의 것이라 적절하지 않은 위험이라면 말이다. 이 경우에 우리는 명확한 근거 없는 두려움의 영원한 인질로 잡혀살 수도 있다. 실제로 스위스의 신경학자 에두아르드 클라파레드Edouard Claparede는 이미 20세기 초에 "두려움에 대한 무의식"에 관해 말한 바 있다. 뇌의 손상으로 인해 최근에 일어난 모든 일을 기억하는 데 어려움을 겪는 환자가 있었다. 그 환자는 매일 클라파레드를 보러왔음에도 매번 그를 처음 만나는 것처럼 행동했다. 어제 만났음에도 오늘 처음 보는 것처럼 환자는 의사에게 악수를 청하고 인사를 했다. 어느 날 클라파레드는 손에 압정을 숨기고 악수를 했다. 환자는 압정에 찔렸다. 다음 날 아침, 그녀는 항상 그래왔듯이 의사의 얼굴이며 이름을 기억하지 못했다. 그러나 이유 없이 악수하기를 거부했다. 로저 피트먼Roger Pitman의 지적처럼 우리는 우리의 불안증 바닥에 깔린 기억으로부터 해방될 수 없다. 만약 빠져나올 수 없다면 그 두려움을 극복하는 법을 배우는 것이 더 좋다.

일단 위험이 감지되면, 위험하다는 메시지는 자율신경계를 작동시킨다. 나는 이 말의 뜻을 여러분에게 간략하게 설명하겠다. 인간의 신경계는 하나가 아니라 둘이다. 중추신경계와 자율신경계가 그것이다. 중추신경계는 자발적으로 모든 행동을 계획하고 실행한다. 반면 자율신경계는 우리 의지에 따라-적어도 지금까지는 그렇게 믿고 있다-조절할 수 없는 많은 메커니즘을 조정하는 임무를 수행한다. 심장박동수, 혈압, 소화기관, 폐기관, 생식기관 그리고 감정적 반응 등을 지배하고 있다. 두려움을 느끼면 심장이 빨리 뛰기 시작한다. 몸은 얼어붙은 듯 움직이지 못하고 떨거나 다리에 힘이 빠진다. 이런 증상은 누구나 아는 사실이다. 그런데 이게 다가 아니다. 왜냐하면, 자율신경계는 두 개의 다른 체제로 기능을 하기 때문이다. 하나는 부교감신경계로 안정된 상황에서는 앞의 메커니즘을 조절하며 종의 보전과 생존을 위해 필요한 활동들에 전념한다. 먹고, 마시며, 성생활을 하고 잠을 잔다. 휴가 보낼 때 이상적인 신경계다. 다른 신경계는 교감신경계로 위급상황 시 주도권을 잡는다. 모든 에너지를 근육과 뇌 신경에 쏟아부어 싸우거나 도망가게 한다. 위험을 느끼는 상황에서는 배고픔이나 갈증도 느끼지 않으며 소변도 마렵지 않고 성적 욕구도 생기지 않는다. 이 모든 것은 순간적으로 차단되고 오직 위협적인 요소에만 집중한다. 이는 안페타민의 효능이다. 안페타민은 근력을 보강하고 주의력을 향상하고 수면을 억제하고 식욕을 없애며 성적 욕구를 제한한다. 이 신경계는 오직 경계의 그 순간에만 적절하게 작동해야 한다. 만약 과도하게 유지되면—스트레스나 각성제 섭취를 통해 오랜 기간 지속된다면—우리 몸은 심각한 타격을 받는다.

앞서 말한 것처럼 일단 위험이 감지되면, 위험 메시지가 교감신경에 경고를 보낸다. 우리 몸은 즉각적인 답을 보낸다. 신장에 얹혀 있는 부신선은 호르몬(두 개의 메신저)을 분비한다. 하나는 아드레날린이고 또 하나는 노르아드레날린으로 우리 몸을 전시 상태로 준비시킨다.

일단 이 설명은 나중에 계속 이어가기로 하고 여기서 잠깐 멈추도록 하겠다. 먼저 왜 중추신경과 자율신경에 대해 언급했는지부터 설명하겠다. 명상 기술은 자신의 의지대로 자율신경계 반응에 영향을 미칠 수 있음을 보여준다. 요가 수행자들은 심박수와 혈압, 호흡 리듬, 고통 지각의 정도를 바꿀 수 있다. 이는 두려움의 치료에 매우 중요하기에 꼭 언급하고 싶다. 그리고 어떻게 보면 지금까지 신봉해왔던 전설이 깨지는 걸 의미하기 때문이다.

세 번째 학자는 안토니오 다마지오Antonio Damasio로 그는 다양한 감정 기능에 관여하는 기관(대뇌변연계)과 결정을 내리고 충동을 조절하는 기관(전두골)을 연구했다. 뇌 손상으로 인해서 전두골에 문제가 생기면 주체는 결정을 내릴 능력이 없어진다. 내가 다른 책들에서 언급한 지능 모델들—지능 생성 및 지능 수행으로 나뉜—은 다마지오의 연구 결과에서 많은 영향을 받았다.

이 중요한 학자들에 관한 정보는 인터넷을 통해 찾아볼 수 있겠지만 내가 네 번째로 만난 데이비슨과 대화하며 더 자세히 언급해보겠다. 왜냐하면, 그들의 연구는 우리 프로젝트를 완성하는 데 매우 실질적인 의미를 가지고 있기 때문이다. 신경학적 자료에 근거하면 모든 사람은 자기만의 감정 윤곽을 가지고 있다고 한다. 즉 자신만의 고유한 '감정 습관'이 있다는 것이다. 우리는 소극적이고 공격적이며 초조해 한다. 그래서 고질적으로 불행한 감정을 느끼며 두려움을 가지고 있다. 만약 위의 것 중 어떤 것이 자신의 감정 윤곽에 들어맞는지 알고 싶다면, 그의 인터넷 홈페이지에 들어가서 테스트를 해보기 바란다.

저자 당신의 초기 연구 결과 중 하나는 사람들 중에는 긍정적인 감정을 잘 느끼는 성향의 사람과 부정적인 감정을 잘 느끼는 성향의 사람이 있다는 거였죠.

데이비슨 맞아요. 실제로 좌측 전전두엽피질은 긍정적인 감정을 조절하고 우측 전전두엽피질은 부정적인 감정에 관여합니다. 어떤 사람은 둘 중 하나가 더 활발합니다. 그래서 특정 감정을 더 강하게 감지하는 거죠. 예를 들면, 우울한 성격의 사람은 좌측 전전두엽피질이 덜 활동적입니다. 어려운 일을 겪을 때 어떤 사람은 거기서 빠져나와 회복하는 데 더 많은 시간이 걸린다는 걸 보면 알 수 있죠.

저자 그렇다면 '탄력성 있는 뇌'와 '탄력성 없는 뇌'가 있다는 겁니까?

데이비슨 전전두엽피질과 편도체의 특정 부위에 있는 주요 신경세포(뉴런)들에서 힌트를 발견했어요. 편도체는 부정적 감정과 부정적 상태(불만족스러운 상태)에 관여하여 우리가 초조하거나 불안감, 혹은 위협을 느낄 때 우리의 경계와 행동을 조절합니다. 어쩌면 좌측 전전두엽이 편도체를 억제할 수도 있겠다는 생각을 했어요. 그리고 이 메커니즘을 통해서 어떤 어려움을 겪었을 때 더욱 신속하게 회복할 수 있을지 모른다는 생각을 했죠. 그리고 그게 가능하다는 게 증명되었어요. 좋은 소식은 "좌측 전전두엽의 활동 수준을 높일 수 있다"는 겁니다. 다시 말하자면, 우리가 좀 더 긍정적인 뇌를 만들 수 있다는 거죠.

저자 감정적 윤곽은 어떻게 만들어지나요?

데이비슨 소극적인 성향, 사교적인 성향, 감정적인 성향, 쉽게 흥분하는 성향, 적응력이 강한 성향, 충동적인 성향 그리고 긍정적인 감정과 부정적인 감정을 균형 있게 잘 조정할 수 있는 유전적 요소들이 존재합니다.

저자 그렇다면 우리는 유전자의 지배를 받고 있다는 말씀인가요?

데이비슨 제 스승 중 한 명인, 제롬 케이건 박사는 새로운 것 또는 낯선 것을 접했을 때 소극적으로 반응하는 아이들의 행동 억제를 연구했죠. 일반적으로 부끄러움을 많이 타는 내성적인 아이들을 연구했죠. 케이건은 수줍음을 많이 타는 사람들은 두려움과 불안한 감정에 주도적으로 관여하는 편도체 활동이 왕성하다는 걸 발견했어요. 그는 그것이 내향적 성격의 사람들에게서 안정적으로 눈에 띄는 특징이라는 걸 증명했죠. 1990년대 당시에는 대다수의 과학자들이 유전 받은 뇌 구조는 바꿀 수 없다고 생각하고 있었어요. 아기의 행동 억제 성향은 불변의 성질이라 생각했죠. 그런데 후성설 혁명은 우리에게 두 가지 새로운 사실을 가르쳐줬습니다. '유전적 특징은 주변 환경에 따라 표출되거나 그렇지 않을 수 있다. 그리고 유전자는 경험에 따라 활성화되거나 비활성화될 수 있다'입니다. 1993년에 과학자들은 충동적 범죄를 저지른 가족 14명 구성원의 행동을 결정지은 유전자를 알아냈습니다. 그 유전자는 세로토닌, 노르아드레날린 그리고 도파민과 같은 호르몬을 물질 대사로 변화시키는 MAOA라고 불리는 효소를 만드는 데 관여했습니다. MAOA의 수가 낮아지면 공격성이 발현됩니다. 그러나 얼마 후 뉴질랜드에서 반사회적 성향을 가지고 있는 446명의 사람들을 연구한 유명한 결과가 발표되었습니다. 그 연구 결과에 따르면 MAOA 효소와 공격성 사이에는 어떤 연관성도 없었습니다. 두려움이 많은 성향의 쥐들을 가지고 한 마이클 미니의 실험에 따르면, 두려움이 많은 성향은 유전자적 영향보다는 양육 방식에 더 큰 영향을 받습니다. 새끼 쥐들은 '용감한' 쥐들의 보살핌을 받자 용감한 쥐가 되었습니다. 그의 가장 큰 성과는 바로 메커니즘을 발견한 거였어요. 적절한 보살핌은 스트레스를 잘 소화할 수 있는 호르몬을 많이 분비하는 유전자를 활성화하고 이를 통해 차분함과 안정된 상태를 끌어낼 수 있습니다.

저자 그렇다면 기질이 바뀔 수 있다는 말씀이네요.

데이비슨 맞습니다. 한 가지 예를 들어보죠. 소극적인 아이들은 회복하는 데 더 많은 시간이 걸립니다. 그들은 낮은 회복탄력성을 가지고 있죠. 케이건 박사는 그와 같은 특징은 변하지 않는다고 생각했죠. 그러나 잘못 생각한 거였어요. 우리 팀은 세 살부터 아홉 살까지의 아이들을 관찰하며 억압 상태가 지속적이지 않았다는 걸 증명했습니다. 사교적 기술을 학습하며 가면을 썼다는 게 아닙니다. 그들의 뇌 활동이 변했다는 겁니다. 우리는 '근본'을 바꾸는 것이 가능하다는 걸 증명했죠. 내성적 성향과 과감한 행동에 내재해 있는 뇌원형을 바꾸는 게 가능합니다. 인지행동 치료는 신뢰할 만한 신경학적 변화를 가져옵니다. 신경가소성, 즉 뇌의 변화 능력 분야의 혁명은 우리 뇌가 두 가지 다양한 노력을 통해 변할 수 있다는 걸 보여줬습니다. 세상을 살아가며 접하는 경험이나, 명상, 믿음의 변화 등 완전한 정신적 활동을 통해 말입니다.

저자 그것 참 멋진 소식이군요! 저는 바로 그 분야를 파고들기 위해 이 공장을 세웠습니다.

3

스키마,
두려움의 저편

우리의 정신은 매우 잘 준비되어 있어
우리가 그 과정을 전혀 인식하지 못하지만
생각을 만들어내는 데 필요한 토양을 제공한다.
우리는 오직 결과물만 인식할 뿐이다.
그 무의식의 정신세계는 우리에게 낯선 존재지만
우리를 위해 열매를 기르고 생산하여
그것이 다 익으면 우리 품으로 던져준다.

_빌헬름 분트Wilhem Wundt

슬픈 사례

항상 두려움에 사로잡혀 살았던 위대한 작가 프란츠 카프카는 예리하게 두려움을 분석했다. 카프카는 애인에게 쓴 편지에 이렇게 썼다. "내 안에는 모든 근심거리와 두려움들이 뱀처럼 살아서 꿈틀거리는 것 같아. 오직 나만 그들을 들여다볼 수 있고 오직 나만 그들의 존재를 알고 있어". 카프카는 매우 예민한 사람이어서 어려서부터 두려움에 대한 사악한 학습을 경험했다.

우리 집 요리사는 작고 말라비틀어진 여자로 날카로운 코에 움푹 팬 뺨 그리고 노르스름한 피부를 가지고 있었고 매일 아침 굳세고 에너지 넘치며 신중한 모습으로 나를 학교까지 데려다주었어. 매일 아침 거의 일 년 동안 그녀는 같은 말을 반복했지. 거리로 나오자마자 그녀는 우리 선생님에게 내가 집에서 얼마나 못되게 굴었는지 일러바칠 거라고 말했어. 사실 나는 그다지 못된 행동을 하지 않았어. 다만 고집을 부렸고 게으름을 피웠으며 불평을 했을 뿐이었지. 물론 마음만 먹으면 선생님에게 일러바칠 일은 많았지만. 나는 그걸 누구보다 잘 알고 있었기에 요리사가 협박처럼 내뱉는 말이 전혀 농담처럼 들리지 않았어. 그럼에도 불구하고 나는 일시적으로나마 학교 가는 길이 엄청나게 멀다고 자기최면을 걸었지. 그리고 도착하기 전에 많은 일이 일어날 수 있을 거라고 상상도 했어. 정육시장 골목에 다다를 즈음 두려움은 협박을 능가했어. 의심할 여지없이 학교는 나에게 공포를 불러일으키는 곳이었고 요리사는 그곳을 더 무서운 곳으로 만들어줬지. 나는 그녀에게 애원하기 시작했어. 그녀는 어깨를 들썩였지. 나는 한층 더 강하게 애원했어. 내가 간절히 애원하면 할수록 나는 점점 더 얻기 어려운 것을 해달라는 것처럼 보였고 같은 비중으로 위험이 증가하는 것 같았어. 나는 멈춰 서서 용서해달라고 했지. 그러나 그녀는 아랑곳하지 않고 나를 앞으로 끌고 갔어. 부모님에게 말해서 그녀에게 벌을 주게 하겠다고 협박했지만 소용없었어. 그녀는 비웃었지. 그 자리에서 그녀는 전지전능했거든. 나는 상점들 문고리를 잡고, 모퉁이돌을 붙잡고 버텼어. 나는 그녀가 나를 용서해주기 전에는 한 발자국도 앞으로 가고 싶지 않았거든. 그녀의 치맛자락을 잡아당겨 뒤로 가려고 했지만 그녀는 오히려 나를 앞으로 질질 끌고 가면서, 이런 행동도 모두 선생님에게 일러바친다고 했어. 그러다가 시간이 늦어졌어. 산티아고성당에서 여덟 시를 가리키는 종소리가 들렸고 학교 종소리도 들렸지. 다른 아이들도 뛰어가기 시작했어. 나는 학교에 늦는 게 세상에서 가장 두려웠어. 이제 우리도 뛰어야만 했고 끊임없이 떠오르는 생각 하나가 나를 괴롭혔지. '선생님에게 정말 말할까?' 지난번에는 말하지 않았어. 사실 단 한 번도 말한

적이 없어. 그러나 항상 말할 가능성은 존재했지. 그 가능성은 나날이 커져갔고 절대 사라지지 않았어. 그리고 그녀는 여러 번—밀레나, 상상해봐—나한테 화가 나서 학교 문을 발로 걷어차곤 했어. 마지막으로 석탄을 파는 꼬마 소녀가 종종 거기에 앉아 있었지. 나를 바라보면서.

이 편지를 쓰게 된 동기가 나를 슬프게 만들었다. 카프카는 애인 밀레나에게 자신에게 세상 모든 것이 위협적일 수 있다는 걸 설명하고자 했다. "모든 게 나를 파괴할 수 있어", "위협적인 것에 관해서라면 나는 마치 현미경의 눈을 갖게 되는 것 같아". 카프카의 유년 시절 경험은 비극적인 결말로 이어진다. "밀레나, 모든 게 너무 바보 같아! 지난 삼십팔 년간 나를 괴롭힌 이 요리사와 위협들 그리고 이 엄청난 양의 소용돌이치는 먼지들이 내 폐 속에서 이렇듯 살아 숨 쉬고 있는데, 어떻게 내가 당신을 사랑할 수 있겠어?" 카프카의 두려움은 사랑보다 강했고 결국 그는 사랑스러운 밀레나와 헤어진다.

카프카의 아버지 또한 그에게 두려움을 심어준 사람 중 하나다. 카프카는 아버지에게 보내는 편지에서 다음과 같이 끔찍한 글을 쓴다.

얼마 전 아버지는 왜 제가 당신을 무서워하냐고 물으셨죠. 언제나 그랬듯이 저는 어떻게 대답해야 할지 몰랐어요. 한편으로는 아버지란 존재 자체가 주는 두려움 때문에, 그리고 한편으로는 아버지에 대한 두려움을 설명해줄 수 있는 세부 사항들이 말로는 표현할 수 없을 만큼 너무도 많아서였어요. 그 강도는 나의 기억은 물론 내가 이해할 수 있는 모든 범위를 뛰어넘습니다(카프카가 아버지에게 느꼈던 존경심과 신뢰감의 강도만큼 그의 파괴적 영향력도 엄청났다). 저는 영원한 부끄러움 속에 잠식되어 있었어요. 왜냐하면, 당신의 명령에 순종하면 자의적인 것이 아니기에 부끄러운 일이었고 반대로 순종의 정도가 당신의 기대에 못 미치면 이것 또한 부끄러운 일이었죠. 당신을 실망하게 할 권리가 제게 있나요? 저는 순종할 능력이 없었어요. 왜냐하면, 저는 당신 같은 힘, 식욕, 능력을 갖추고 있지 않았으니까요. 그리고 이러한 현실이 가장 부끄러운 일이었어요. 아이의 감정은 이렇게 움직였어요. …… 가게와 집에서(제 유년시절에 당신이 비판하지 않거나 아니면 적어도 한 번이라도 아무것도 아닌 것처럼 무시하지 않은 사람이 단 한 사람이라도 있었는지, 있다면 말해 보시죠) 제게 불신을 주입시키기 위해 노력했어요. 어린아이의 눈에 그 불신은 단 한 번도 정당한 것이 아니었죠. 저는 완벽하고 도달할 수 없는 사람들에 둘러싸여 나 자신을 불신하게 되었으며 타인에 대한 영원한 두려움을 느끼게 되었습니다.

불쌍한 프란츠!

'감정적 지능'에 대한 책들은 요즘 많이 언급되는 감정적 문제를 다룬다. UP의 교육 모델에서 우리는 그 전 단계, 즉 예방 단계에 관여한다. 우리는 아이들이 자라면서 감정적 습관, 즉 감정, 편애, 욕망이 발생하는 일련의 무의식적인 메커니즘을 습득하는 것을 보게 된다. 교육을 통해 그 정신적 메커니즘이 바른 행동을 유발하는 바람직한 감정을 생산하도록 해야 한다. 교란적인 감정들을 조절하는 능력을 재교육하고 조절하는 법에 관해서는 다음에 더 자세히 말할 기회가 있을 것이다. 감정 교육은 두 가지 목표를 가지고 있다. 우리는 아이가 좋은 감정 습관을 습득하여 특정 감정이 나타날 때 그것을 잘 조절할 수 있기를 바란다. 두려움의 경우를 예로 들자면, 우리는 아이가 동화력이 부족한 두려움은 배우지 않기를 바라며 성장 단계에 자연스럽게 나타나는 진화적 두려움의 경우 그 시기에 맞춰 정상적으로 사라져주길 바란다. 그리고 보호적인 두려움을 대하는 방식도 적합하길 바란다. 두 번째 목표는 부정적 두려움 또는 불안 반응이 나타났을 때 그것을 변화시키는 법을 배우는 것이다.

이와 같은 목표를 달성하기 위해서 먼저 두려움 학습의 메커니즘을 알아야 하며 이를 위해서 어쩔 수 없이 전반적인 유아의 발달 과정에 관해서 말할 수밖에 없다. 심리학은 주제를 갈기갈기 찢는 경향이 있다. 미국에서 영향력 있는 단체인 미국심리학협회에는 15개의 부서가 있고 그들은 서로 교통하지 않는다.

그래서 우리는 '햄버거 심리학'을 만들고 있다. 먼저 고기를 다지고 패티로 만들기 위해 다시 다진 고기를 뭉친다. 치료적 관점에서 두려움을 따로 떼어서 치료하는 것은 논리적이다. 왜냐하면, 두려움의 주된 특징은 그것이 독립적인 메커니즘으로 변화해서 자유자재로 움직이는 것이다. 그러나 교육적인 관점에서 우리는 두려움이라는 감정만 따로 다루는 것이 아니라 모든 요소가 상호작용하는 통합적인 개체를 앞에 두고 있음을 명심해야 한다. 경험은 믿음에 영향을 주고, 믿음은 감정에 영향을 주며, 감정은 행동에 영향을 준다. 그리고 행동은 다시 경험에 영향을 준다. 경험은 또다시 믿음에 영향을 주게 된다. 이렇듯 돌고 돈다. 서로 영향을 주는 네 변의 요소들은 두려움을 교육하기 위한 도구들에 관해 말할 때 유용하게 사용될 것이다.

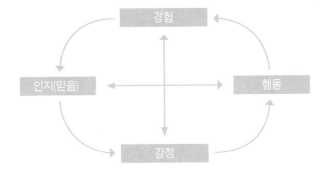

학습하는 사람은 주체이고 행동하는 사람도 온전한 주체이며 결과는 온전한 주체를 결정짓는다. 교육의 목표는 아이가 자

기만의 인격을 발전시키도록 도와주는 것이다. 이는 UP 교육적 모델의 통합 개념으로 가장 기본적인 개념이다.

우리는 한 개인이 안정되게 반응하고 행동하는 방식을 "인격"이라고 부른다. 인격은 세 단계로 나뉜다. 선천적인 인격은 유전적으로 물려받은 것으로 좀 더 쉽게 말하자면 기질—심리학에서는 한 아이의 생물학적 취약점을 결정짓는 요소로 봄—이라고 부른다. 아이는 바로 이러한 기질로부터 성격이 형성되는데, 성격은 학습되어 안정적인 경향을 보이는 감정적, 인지적 또는 집행적 습관의 총체다. 그리고 이것은 학습된 인격이다. 성격 교육은 아래의 바람직한 방향으로 아이의 능력을 키워줘야 한다.

수동적이기보다 능동적으로
불안보다 신뢰로
의존성보다 독립성을
비관주의보다 낙관주의를
비사교성보다 사교성을
두려움보다 용기를
일상보다는 창의성을
무책임보다는 책임감을
취약성보다는 회복탄력성을
변덕보다는 인내를

앞서 열거한 능력들은 모두 연결되어 있으며 이는 습관이 되어 한 인간의 성격을 구성한다. 이것들은 개인의 자산이 되어 인격으로 굳어진다. 인생 전반에 걸쳐 진행되는 매우 중요한 프로젝트다. 교육은 개인이 각자의 인격을 자유롭게 만들 수 있도록 최적의 환경을 제공해야 한다. 이미 말한 것처럼 UP 모델에서 우리는 자원 교육법을 발전시켰다. 우리는 사춘기 아이들이 훌륭한 개인 자산을 소유할 수 있도록 도왔다. 그러나 그 자산을 어떻게 투자해야 하는지는 말하지 않았다. 그것은 개개인의 과제로 남아 있다.

두려움의 핵심

우리는 위협적인 것들 앞에서 두려움을 느낀다. 그래서 두려움에는 항상 원인과 결과가 있다. 위험은 두려움을 유발한다. 문제는 현실에서 이것이 말처럼 간단하지 않다는 것이다. 여러분이나 나는 특정 환경에서 두려움을 느낀 경험이 있다. 그러나 우리가 느끼는 두려움의 대상은 모두 다르다. 각자는 자기만의 방식으로 현실을 해석하기 때문에 그렇다. 예를 들면, 대중 앞에서 말하는 것은 대다수의 사람에게 두려움을 유발하는 경험이다. 내가 다닌 학교는 사춘기 전부터 발표를 많이 시키는 곳이어서 나는 단 한 번도 사람들 앞에서 말하는 걸 두려워한 적이 없다. 그러나 나는 여러분이 전혀 두려움을 느끼지 않는 것을 무서워할 수 있다. 비서로 일하는 스물여섯 살의 비르히니아는 우리에게 말한다. "제 생각에 저는 그렇게 소극적이지는 않은 것 같아요. 그런데 가끔 끔찍할 정도로 겁을 먹을 때가 있어요. 바로 돈에 관해 이야기할 때죠. 돈 이야기만 하면 반응도 느려지고 불쾌해져요. 돈 이야기를 할 일이 있으면 사흘 전부터 그 생각을 하고, 말해야 하는 순간이 닥치면 목구멍이 꽉 막히는 것 같고 너무 긴장돼요. 저 자신을 스스로 조절하지 못할 정도로요. 그래서 누가 꿔간 돈을 갚으라는 이야기나 밀린 월급을 달라고 요구할 때 제가 너무 무능력하게 느껴져요. 처음에는 이게 제 성격의 결함이라고 생각했죠. 그런데 시간이 지나면서 이런 저한테 익숙해져갔죠. 그다지 자랑스러운 성격은 아니지만 이게 저예요. 저는 앞으로도 쭉 이렇게 살 것 같아요. 변하지 않고요". 왜 비르히니아는 이런 두려움을 느낄까? 그녀 자신도 모른다. 노벨문학상 수상이 자신의 신념에 어긋난다며 수상을 거부할 정도로 에너지가 넘쳤던 장 폴 사르트르는 젊었을 때 애인에게 다음과 같은 편지를 썼다. "나는 여성적 성격을 가지고 있어. 그래서 난 평생 나 자신을 속이며 살아야 했지. …… 타인의 시선은 내 자유를 박탈했어. 왜냐하면 나는 거기에 얽매여 있었으니까. 나는 다른 사람이 나에 대해 생각하는 것처럼 나 자신이 부끄러워. 나는 다른 사람이 보는 대로의 나라는 걸 인정해". 그는 죽기 직전까지도 자신의 사춘기 시절의 슬픈 일화를 잘 기억하고 있었다. 그가 좋아했던 한 소녀가 다른 친구들 앞에서 소리쳤다. "안경과 모자를 뒤집어쓴 이 못생기고 우둔한 것 같으니라고". 사르트르는 자신이 추남이라는 걸 스스로 인정했으며 집요하게 그 점을 극복하려고 애썼다. "마흔 살 먹어서 못생긴 사람은 못생기고 싶은 사람이라서 그렇다". 사르트르가 지칠 줄 모르는 낙관주의에 빠져 한 말이다. 그에 따르면 이런 낙관주의가 그의 인생의 원동력이었다고 한다. 그러나 그는 사람들—식당 종업원, 판매원, 뭔가를 요청하기 위해서 그에게 다가오는 낯선 사람들—로부터 '좋은 시선'을 필요로 했다. 그래서 그는 타인의 시선이 '지옥'이라고 생각하기에 이르렀다. 타인의 시선은 우리를 노예로 만든다.

우리는 우리의 두려움이 어디서, 어떻게 비롯되는지 모른다. 물론 쉽게 잊어버리는 원인을 설명하기 위해 수많은 이유를 만들어낼 수도 있지만 말이다. 어쨌든 두려움은 무의식이 만드는 의식적 경험이다. 이 점은 UP에서 발전시킨 모든 교육 모델에서 굉장히 중요한 요소로 이 책에서 종종 언급하고 있기도 하다. 그러나 나는 여러분에게 일부는 '복습의 개념'이기 때문에 그냥 넘어가도 된다고 말해두고 싶다. 여러분도 잘 알 것이다. 교직자나 코치들은 가끔 지루할 정도로 중요한 부분을 반복한다는 것을.

생성적 지능과 집행적 지능 뇌는 우리가 의식하고 있지 않을 때도 쉬지 않고 일한다. 우리는 이것을 "인식적, 정서적, 활동적 무의식"이라고 부른다. 쉬지 않고 활동하는 무의식의 일부 결과물은 의식으로 넘어가기도 한다. 바로 그때 우리는 생각과 느낌, 욕망을 느낀다. 바로 이 의식의 가장자리에서 집행적 지능은 그러한 상념들을 평가하여 받아들이거나 거부하거나 축소하려 하거나, 프로젝트화 하고 생성적 지능을 발동시킨다. 생성적 지능의 명확한 결과는 반복된 근심, 되새김질, 걱정거리들로 많은 학자의 의견에 따르면 불안의 가장 핵심적인 요소다. 걱정에 사로잡힌 사람은 거기서부터 헤어나오고 싶어 하지만 통제할 수 없다고 느낀다. 그래서 심리 치료학의 목적 중 하나는 바로 그러한 생각을 조절하는 법을 배우는 것이다. 즉 생성적 지능을 집행적 지능의 영역으로 옮겨가는 것이다.

무의식의 교육 그렇기에 교육은 두 가지 목표를 가지고 있다. 하나는 가능한 효율적인 집행적 지능을 형성하는 것, 그리고 또 다른 하나는 마찬가지로 가능한 효율적인 생성적 지능을 형성하는 것이다. 그리고 이 지능은 의식적이지 않기 때문에 우리는 표현이 매우 터무니없다고 생각될 수 있겠지만 어쩔 수 없이 무의식의 교육이라고 말할 수밖에 없다. 르두와 다마지오는 무의식 시스템이 우리가 실질적으로 위험에 처해 있음을 알기도 전에 두려움 같은 느낌을 받게 한다는 사실을 증명하기 위해 노력했다. 야코비Jacoby는 의식 및 무의식 과정은 서로 독립적이라는 사실을 증명하는 근거들을 제시했다. 예를 들어 두려움의 시스템은 의식 영역에 들어올 수 있으나 그것과는 독립적으로 움직이기 때문에 두려움은 무의식 감정 시스템의 원형으로 간주된다

다시 본론으로 돌아가 보자. 우리는 우리 뇌가 특정 상황을 위험하다고 해석하기 때문에 두려움을 느낀다. 우리는 모두 고통을 느낀다. 그러나 마조히스트들은 고통을 느끼며 즐거워한다. 이는 대부분의 사람들에게 도무지 이해할 수 없는 이상한 일이다. 여러분 가운데 누군가는 경영학 강의에서 '난관을 하나의 장애물이 아니라 도전으로 보는 게 중요하다'는 말을 들었을 것이다. 그렇게 관점을 다르게 보기 위한 마술봉은 주지도 않은 채 말이다. 뇌는 지속적으로 원형들을 인식하는 해석 기관이다. 그래서 한 사건과 우리 감정, 행동 또는 지적 반응 사이에는 우리가 살아온 것을 바탕으로 의미를 부여하는 해석 시스템이 개입한다. 그래서 우리가 행동할 수 있는 시나리오를 제공한다. 그 해석 시스템을 "스키마"라고 한다. 여러분에게 새로운 단어를 배우게 해서 미안하다. 이렇게 우리는 살면서 우리에게 일어나는 모든 일을 지적, 정서적, 의지적 스키마에 따라 해석한다. 우리가 "그건 내 스키마를 깨뜨리는 거야"라고 말할 때, 스키마는 바로 이러한 해석 시스템 또는 습관을 빗대어 말하는 것이다. 우리의 정신적 처리 과정은 다음과 같다.

* Jacoby, L.I., Yonellinas, A.P., and Jennings, J.M. "The Relation between Consciousness und Unconscious (Automatic) Influences: A declaration of Independence", Cohen, J.D.· Schooner, J.W. (eds.), *Scientific Approaches to Consciousness* (Erlbaum: Hillsdale, 1997), pp.13~48.

상황Situación	스키마Esquema	반응Respuesta
대중 앞에서 말해야 한다	위험함	두려움, 회피하고 싶은 욕망
학교에 가야 한다	위험함	두려움, 회피하고 싶은 욕망

우리는 이런 순서를 SER 모델(상황, 스키마, 반응)이라고 한다. 스키마는 두려움과 두려움을 교육하는 데 있어서 핵심적인 요소다.

스키마는 어떻게 형성되는가

앞에서 나는 스키마를 구성하는 몇몇 요소들을 설명했다. 첫째는 기질이다. 기질은 본질적으로 해석 시스템이다. 기질은 안정적인 기준에 따라 어떤 사건에 반응하는 감정적인 성향이다. 어떤 아이는 긍정적인 쾌락주의 성향을 가지고 태어나고 어떤 아이는 그 반대의 성향을 가지고 태어난다. 어떤 아이는 자발적 성향, 어떤 아이는 반작용적 성향을, 어떤 아이는 더 사교적이거나 덜 사교적일 수 있다. 어떤 아이는 더 인내심이 많은 또는 더 조바심 내는 성향을 가지고 있을 수 있다. 그들이 내재적으로 가지고 있는 기본 스키마들이 개인의 경험을 결정하며 또한 개인의 경험으로 스키마가 결정된다. 억제되고 소극적인 기질의 아이가 있다고 하자. 그 아이가 살면서 어떤 경험을 하느냐에 따라 아이는 더 소극적으로 변할 수도, 또는 덜 소극적으로 변할 수도 있다. 우리는 뇌가 정신적·육체적 활동을 통해 그리고 상과 벌을 통해, 만족감과 불만족감을 통해 자신을 조각한다는 걸 안다. 마찬가지로 성장하며 습득해나가는 믿음은 실제로는 위험하지 않은 사건—위협에 대한 과장 같은—을 위험한 것으로 해석하는 경향을 습득하게 하여 무력감을 느끼는 성향의 아이로 변하게 할 수도 있다.

적절한 '두려움의 스키마'를 형성하도록 도와주는 것이 바로 두려움 교육의 중심축이다.

두려움을 배우다

아이가 지나친 두려움을 발전시키지 않고 편안하게 유년 시절을 보낼 수 있도록 하려면 어떤 도움을 줘야 할까? 아이는 낯선 세상에 모든 걸 새로 배워야 하는 상태로 태어난다. 각자가 가지고 있는 기질과 경험에 따라 자신이 속한 세상에서 모델을 만들어간다. 클랙스턴Guy Claxton은 자신의 저서 《살며 배우며》에서 다음과 같이 말한다. "우리가 세상에서 하는 일들은 모두 우리가 세상은 믿는 바에 의해 좌우된다". 우리는 현실에 대한 저마다의 지도를 만든다. 그 지도를 토대로 우리는 세상을 해석하여 이해하고 비교하며 느낀다. 이러한 메커니즘은 우리가 매일매일 살아가는 모습을 이해하는 데 매우 중요한 역할을 한다. 당신과 당신의 아이, 배우자 그리고 직장 동료들은 같은 현실을 살고 있다. 그러나 동시에 각자는 자기만의 세상에 살고 있는데 이는 각자가 사물을 보는 고유 방식이 있기 때문이다. 어린아이의 세상은 성인의 세상과 다르다. 비관주의자가 보는 세상은 낙관주의자가 보는 세상과 다르다. 겁쟁이가 보는 세상은 용감한 사람이 보는 세상과 다르다. 성격에 따라 각자는 자신이 살고 있는 세상에서의 경험을 고유한 방식으로 해석한다. 행동주의 심리학은 말한다. 내가 세상을 바꾸면 성격이 바뀐다고. 또 인지 심리학은 말한다. 내가 성격을 바꾸면 세상이 바뀐다고. 둘 다 어느 정도 맞다.

한 가지 확실한 것은 어린아이가 세상을 예측할 수 있는, 혹은 없는 곳으로 보는 법을 배운다는 사실이다. 세상을 통제할 수 있는지 아니면 통제할 수 없는지, 세상이 안전한 곳인지 아니면 위험한 곳인지 말이다. 이와 같은 기본적인 세 가지 믿음은 초기 유아기에, 초기 양육자와의 관계를 통해 생활 속에서 습득하는 것이며 이에 따라 두려움의 힘을 강화하거나 약화시킬 수 있다. 예측하거나 통제할 수 없는 불안전한 세상은 공포스럽다. 동시에 아이는 난관을 헤쳐나갈 수 있는 자신의 능력, 즉 자기 자신에 대한 믿음도 습득해간다. 아이는 자신의 패배와 승리를 나름대로 기록해간다. 억압받고 약하며 소심한 아이는 안전에 대한 습관을 습득할 수 있다. 릴케는 그의 시 〈제3비가〉에서 감동적으로 말했다. 릴케는 〈제3비가〉에서 한 여성에게 그녀가 어떻게 "갓 태어난 두 눈에 낯선 세상을 밀어내고 친근한 세계를 보여줬는지"를 노래했다. 그리고 엄마의 따뜻한 시선을 통해 느낀 안전하고 평화스러운 순간들에 향수를 느낀다. 엄마라는 존재는 "모든 소음들의 비밀"을 알고 있는 듯했다. "아, 소박하게, 당신이 날씬한 몸으로 끓어오르는 혼란을 저지하던 그 시간들은 다 어디로 갔을까요?" 그 "끓어오르는 혼란"은 아이에게 부모님과의 상호작용을 통해 자라면서 익숙해지거나 낯선 상태로 남거나, 진정되거나 혼란 상태로 남을 수 있는 경험의 세계다. "오, 나의 어머니여! 당신은 옛날 내 어릴 적 그 모든 침묵을 깨뜨린 유일한 분! 침묵을 집어삼키며 말씀하셨죠. 두려워하지 마라, 엄마다. 불을 켜고 당신은 소리가 되었죠. 불을 밝히며 말씀하셨죠. 나다, 두려워하지 마라. 그리고 천천히 빛을 비췄죠. 그리고 의심할 여지없이, 당신이, 당신이 바로 빛입니다. 다른 의도 없이 얌전히 소박하게 구김 없이 거기서 익숙하고 정겨운 사물들을 비추는 빛입니다".

시에서 과학으로 자리를 옮겨보자. 아이는 안정감을 학습할 수 있다. 그러나 마찬가지로 두려움도 학습할 수 있다. 더 정확히 말하자면 두려움을 느끼는 특정적인 방법을 배울 수 있다. 우리는 강인함과 나약함 사이의 영원한 대립 사이를 오간다. 만약 하나가 강해지면 다른 하나는 약해진다. 또는 반대의 경우가 발생하기도 한다. 특정 상황을 대면하는데 아이가 자신감을 가지면 상황의 힘이 약해져서 상황의 지배를 받지 않는다. 특정 상황을 통제할 수 없음을 감지한 아이는 자신감이 감소할 것이다. 만약 비관주의자의 눈으로 상황을 바라본다면 해결책이 없는 것처럼 보일 것이다. 반면 낙관주의자의 눈으로 상황을 바라보면 어디서 무엇을 하든지 상관없이―강인함을 증대하거나 또는 나약함을 줄이거나―언제나 잘해낼 것이다. 두려움을 줄이거나 강인함을 기르는 것은 상호 교환적이다. 둘 다 아이의 용기에 도움을 준다.

두려움의 학습을 설명하는 데 가장 완전한 이론은 래크먼 Rachman의 것이다. 두려움은 다음 세 가지 경로를 통해 학습된다.

조건 형성 어떤 경험은 고통을 유발하거나 두려움의 일차적 원인과 연결되어 있어서 두렵거나 외상적인 것으로 변한다. 카프카와 요리사의 경우, 남의 눈에 나쁜 아이로 보이는 것 또는 선생님에게 벌 받는 것에 대한 두려움이 존재한다. 두려움이라는 전염병은 위험을 끝도 없이 팽창시킬 수 있는 능력이 있다. 두려움 관련 전문가 가운데 가장 저명한 학자인, 제프리 A. 그레이Jeffrey A. Gray는 깨진 유리 조각을 두려워했던 자신의 환자에 대해 말한 바 있다. 그 환자의 유리에 대한 공포는 비정상적인 것이어서 의사가 다른 손으로 창문의 유리를 만지는 것만 보고도 그의 반대편 손을 잡는 걸 힘들어했다. 끊임없이 두려움을 만들어낼 수 있는 창조 능력은 인간만이 소유하고 있는 특별한 지능이다. 우리는 연관을 짓는 데 가공할 만한 재주를 가지고 있다. 우리는 상징적인 의미를 부여하며 우리의 지각 영역에까지 확대시킬 수 있다. 동물들은 조건화된 자극을 통해서 느낀 관련된 감정 반경 안에서만 움직인다. 반면 인간은 상징적, 은유적, 개방적 절차를 통해 훨씬 더 자유롭게 두려움의 영역을 끝도 없이 확장시킬 수 있다. 이런 능력 때문에 곡해하기도 한다. 자연적이고 일차적인 자극이 더는 특권적인 위치에 있지 않으며 이들은 인간 지능이 만들어낸 2차, 3차, 또는 n번째로 생성된 파생 자극들의 네트워크 안에서 희석된다. 우리는 아무것도 아닌 것까지 두려워한다. 호텔들은 우스꽝스럽게도 손님들이 놀라지 않게 하려고 '13층'을 표시하지 않는다.

조건반사는 인접성을 통해서만 습득(파블로프Pavlov의 개가 음식을 종소리와 연관시킨 것을 여러분도 기억할 것이다)되는 것이 아니라 종종 아주 추상적인 것과도 연관되어 얻어진다. 셀리그먼Martin Seligman은 '무기력의 학습'을 연구했다. 행동이 문제를 해결할 수 없거나 의도한 것에 반대되는 효과를 일으켰을 때, 주체는 수동적이 되거나 행동을 단념한다. 종종 우울증으로 연결되는 은둔 상태로 변질되기도 한다. 아이는 기본적인 안정감을 습득하듯이 마찬가지로 기본적인 무기력감도 습득할 수 있다.

관찰 학습　이것은 "대리 학습"이라고도 불린다. 두려움을 유발하는 행동을 관찰하면 두려움이 유발될 수 있다. 만약 아이가 다른 아이나 부모가 어떤 상황을 보고 놀라는 걸 보면, 자신도 덩달아 놀라게 된다. 두려움은 전염성이 있다. 대리 학습은 앨버트 반두라Albert Bandura가 연구했다. 만약 어떤 아이가 부모나 형제, 또는 친구들이 폭풍을 무서워하는 걸 보면 같은 상황에 직면했을 때 두려움의 반응을 모방할 수 있다. "공포를 일으키는 대상을 피함으로써 부모의 두려움이 줄어든 것을 관찰하면 아이는 회피 전략을 통해 문제에 대처하는 방법을 학습하게 된다". 불안한 부모가 자식들에게 회피 대응 전략을 사용하도록 하는 경우가 많다. 가족이 이러한 전략을 확산시킬 수 있다.

자극과 반응 간의 관계에 관한 정보 전달　우리는 우리 아이에게 지속적으로 무엇을 두려워해야 하는지 정보를 주고 있는데, 어떤 경우에는 보호라는 이름의 행동으로 아이를 상처받기 쉬운 상태로 만들기도 한다.

만약 당신의 아이를 두려움에 떠는 아이로 만들고 싶다면 다음과 같이 해라. 외상을 일으키는 상황을 주고 아이가 오늘은 어제보다 더 잠재적인 위험성을 강하게 상상할 수 있도록 도와주며, 조절 능력을 약화하고 겁쟁이의 예를 들어주며, 세상이 얼마나 무서운 곳인지 말해주고 아이가 절대 기분 나쁜 경험을 하지 않게 항상 선제적으로 보호해주며, 미리 아이들이 필요한 것을 코앞에 놓아주고 그들의 문제를 대신 풀어주며 문제가 있으면 피하는 법을 가르치고 잘 도망쳤을 때 보상을 해줘라. 그리고 무엇보다 부모인 당신이 아이보다 더 많이, 그리고 강하게 두려움에 떠는 모습을 보여줘라. 하지만 당신의 아이가 용감해지길 바란다면 바로 위의 내용과 정반대의 행동을 하면 된다. 가정과 학교가 두려움의 학습을 강화할 수 있다. 그러나 정말 다행인 것은 용기도 학습하여 강화할 수 있다는 사실이다. 정보 전달 측면에서 가정은 매우 중요하다. 왜냐하면, 공포나 두려움 같은 성향은 가정이라는 특정 환경에서 더 많이 나타나기 때문이다. 이는 두려움을 느끼는 데 있어서 유전적인 요인뿐만 아니라 환경적인 요인이 얼마나 중요한지를 보여주는 것이다. 데이비슨은 유전적으로 두려움을 많이 타는 쥐가 용감한 쥐 무리에서 자라면 용감해진다는 걸 말한 바 있다. 인간에게도 비슷한 일이 일어난다.

밀러Miller는 다음과 같이 썼다. "아이를 훈육하는 부모나 영향력 있는 다른 양육자가 아이에게 두려움과 회피 행동을 가르친다. 그렇게 아이들에게 어둠과 분리, 학교, 개를 두려워하도록 가르친다. 이와 같은 가르침은 부모나 주변에서 영향을 주는 사람들이 아이가 두려워할 때 어떻게 반응하는지에 따라 좌우된다. 어른들은 아이의 두려움 앞에 때로는 애정으로, 때로는 분노나 침착함으로, 신중하게 접근하기도 하고 회피하며 반응한다. 아이는 그런 부모의 행동에 민감하게 반응한다. 그래서 아이는 조금만 무서워도 예전에 느꼈던 강한 반응을 빈번히 내부에서 불러일으킬 수 있다".

이 모든 형상을 좀 더 명확하게 설명하기 위해서 나의 프랑스 동료 알랭 브라코니에Alain Braconnier가 제시한 예를 들어보겠다. 서른 살 즈음의 실비아는 그녀의 남편에 대해 말한다. 조금도 주저하지 않고 그의 상태를 설명한다. "남편은 지속적인 불안감에 싸여 살아요. 항상 경계 태세랍니다. 집에 불이 나면 어떻게 해야 할지를 걱정할 때랑 똑같은 강도로 토마토가 너무 익은 건 아닌지 걱정합니다. 아무리 사소한 일이라도 남편에게는 모두 적신호 같고 그럴 때면 그 사람만 두려움에 빠지는 게 아니라 저도 그의 두려움에 전염됩니다".

SER 모델은 다음의 결론에 도달하게 된다.

사건: 토마토를 삶고 있다.

반응: 불안감

위의 사건과 반응의 관계는 만약 우리가 그 관계에 해석 스키마가 관여한다는 걸 모른다면 전혀 이해할 수 없다. 브라코니에는 이 남자의 스키마에 관해 이렇게 설명한다. 실비아 남편의 이야기는 예외적인 것이 아니다. 남자의 부모는 그가 다섯 살이었을 때 별거했다. 그러나 남자는 그 시절에 대한 기억이 별로 없다. 단지 끊임없이 느낀 두려움만 기억할 뿐이다. 서른다섯 살이 된 지금까지도 갈등을 유발하는 모든 상황 앞에서 그는 두려움을 느낀다. 그의 머릿속에는 아직도 돈 문제로 다투던 부모의 목소리가 들린다. 그리고 일곱 살 때 경험한 한 장면이 기억 속에 각인되어 있다. 어느 날 남자는 엄마와 함께 상점을 나오고 있었다. 그때 유모차에 버려진 아기를 발견했다. "우리가 데려가 키울 수는 없어. 아기 키우는 게 보통 힘든 일이 아니거든. 게다가 돈도 없어서 아이를 키울 형편이 안 된단다". 엄마가 무심코 내뱉은 그 말은 남자의 뇌리를 떠나지 않았다. 그 이후 남자는 만약 자신의 집에 돈이 충분하지 않으면 나도 저 아기처럼 버림받을지도 모른다는 두려움에 휩싸여 산 것이었다.

학습의 중요성

마틴 셀리그먼은 동물과 인간이 두려움에 반응하는 특별한 메커니즘을 발견하면서 유명해졌다. 그는 리처드 솔로몬Richard Solomon 연구실에서 두려움의 반응을 연구하고 있었다. 그는 개들에게 자극 인센티브 실험—개들에게 특정 주파수를 들려준 다음 전기 자극을 가하는 실험—을 했다. 그리고 얼마 후 같은 개들을 다른 쪽으로 피하기만 하면 전기 자극에서 벗어날 수 있는 우리에 풀어놓았다. 하지만 놀랍게도 개들은 전기 자극을 피하지 않았다. 왜 개들은 수동적으로 반응했을까? 셀리그먼은 말한다. "개 실험을 통해 알게 되었죠. 자신이 통제할 수 없는 일에 어떻게 반응하는지요. 싸우려는 시도조차 안 하는 무기력감에 빠지는 거죠". 연구자들은 개가 움직이지 않은 것이 전기 자극의 충격 때문이 아니라 회피하기 위해 아무것도 할 수 없다는 무기력감 때문이라는 걸 밝혀냈다. "우리는 동물들에게 행동을 취하면 그에 따른 결과가 있음을 가르치면서 무기력을 고칠 수 있다는 걸 발견했어요. 첫 번째 통제 경험을 제공하면 이와 같은 무기력감을 예방할 수 있었죠". 이와 같은 현상을 "학습의 중요성"이라고 한다. 두려움을 이용하는 사람들은 이 메커니즘을 너무 잘 알고 있다. 만약 누군가에게 모든 것이 자신의 통제 밖에 있다는 걸 믿게 하면 그를 손안에 쥐고 흔들 수 있다는 사실을 말이다. 6장에서 이 문제는 더 깊이 있게 다루도록 하겠다.

이것은 민감한 주제다. 우리는 아이가 두려움을 느끼지 않기를 바란다. 그러나 우리가 지금까지 살펴본 바와 같이 두려움은 긍정적인 역할도 수행하기에 현명하게 행동하기 위해서는 두려움을 잘 사용할 줄 알아야 한다. 유명한 두려움 전문가 마르크스는 아주 심각하게 말한다. "적절한 행동을 위해서는 두려움의 가짓수를 적당히 유지해야 하는 것 같다. 만약 우리가 너무 적게 두려워하면 조심성 없이 행동하게 되고 만약 너무 많이 두려워하면 서툴게 반응할 수 있기 때문이다". 우리는 아이와 어른들에게 계속해서 자신의 행동 결과에 대해 주의시키며 벌로 위협을 가한다. 그런 방식으로 크든 작든 고통을 호소하며 산다. 노르베르트 엘리아스Norbert Elias는 문명화 절차를 연구하면서 이와 매우 유사한 말을 한다. "어떤 사회도 개인적 충동과 감정을 조절하지 않고는 생존할 수 없다. 이를 위해 개인 행동을 조정하는 매우 구체적인 규제 장치들이 필요하다. 앞의 모든 규제 장치들은 인간들이 상호적 강압을 행사하면서 가능해지며 모든 강압적 행동은 강압 당한 사람의 정신에서 일종의 두려움으로 변화하게 된다. 환상 따위는 필요 없다. 인간이 일으키는 인간적인 두려움의 지속적인 생산과 재생산은 인간이 어떻게 해서든 생존을 유지하고자 하는 욕망을 버리지 않는 한, 일과 공동생활, 사랑의 관계에서 인간의 갈망과 행동이 상호 작용하는 불가피한 것이다".

'미운 자식 떡 하나 더 준다'는 오래된 전통 교육방식과 두려움을 통한 순종 교육에 대한 반발로 아이의 안녕을 도모하며 모든 강압으로부터 자유롭게 하는 교육이 제시되었다. 프랑스 교육에 엄청난 영향을 준 아동 심리학자 프랑수아즈 돌토Francoise Dolto는 모든 교육적 개입이 아이를 바보로 만든다고 주장했다. "교육은 실패해야 한다. 그렇지 않으면 아이의 자율성은 사라진다". 부모는 아이의 잠재적인 적이며 교육자도 마찬가지다. 언제 잠자리에 들 것인지는 아이가 결정해야 한다. "부모는 단순하게 선만 그어야 한다. 몇 시부터는 아무 소리도 들리면 안 된다". 아이는 언제 얼만큼 먹을지 스스로 결정해야 한다. 중요한 것은 아이와 좋은 관계를 유지하는 것이지 습관을 심어주는 것이 아니다. 엄마들은 한 가지 사실을 꼭 알아야 한다고 돌토는 말한다. "아이를 씻겨주는 것이 그 아이를 사물 상태로 축소시킨다는 것을 명심해야 한다. 16개월이 되면 아이를 씻겨주면 안 된다. 아이는 때가 되면 혼자 씻을 것이다". 그럼에도 불구하고 관대한 교육은 아이들의 자유를 증가시키지 못한다. 왜냐하면, 좌절을 견디거나 상을 받기 위해 능력을 키우는 교육을 받지 못한 것이 약점으로 작용했기 때문이다.

권위주의와 관대함이라는 이 두 가지 모순되는 입장은 우리에게 좋은 해결책을 찾게 해준다. 교육의 목적은 아이에게 자기 통제, 감정 조절, 문제 해결 능력 등 한 마디로 용감한 자율성을 획득할 수 있는 최적의 메커니즘을 제공하는 것이다. 우리는 앞에서 우리 뇌가 상과 벌, 희망과 두려움이라는 매우 기본적인 메커니즘을 통해 우리 행동의 방향을 정한다는 것을 배웠다. 행동의 방향을 제대로 잡기 위해서 양쪽 모두를 균형 있게 배워야 한다.

나는 이번 장에서 우리 '공장'에 스피노자Baruch Spinoza를 초대하고 싶다. 그가 300년도 훨씬 전에 세상을 떠난 인물이기는 하지만 우리 센터가 가상 공장임을 고려할 때 과거와 미래의 시간은 우리에게 중요하지 않다. 스피노자는 철학자였다. 그러나 이미 우리 공장 명단에 있는 신경학자인 안토니오 다마지는 매우 적절한 제목을 가진 책 한 권을 스피노자에게 바쳤다. 바로 《스피노자를 찾아서En busca de Spinoza》다. 스피노자에게 교육에서 가장 중요한 것은 '두려움을 통해 사람을 지배하거나 복종하게 하는 것'이 아니라 '개인을 두려움에서 해방시켜 안정감을 느끼며 살게 하는 것이다. 즉 다른 사람에게 피해를 주지 않는 한도 내에서 인간 고유의 본질인 살며 행동할 권리를 최대한 좋은 방법으로 즐길 수 있게 하는 것'이다. 교육의 진정한 목적은—국가의 진정한 존립 목적도 해당된다—바로 자유다. 그는 두려움이 효율적인 도구라는 것을 부정하지 않는다. 그러나 두려움에서 비롯되는 효율성은 기만적이라고 주장한다. 악행을 억누르지만 악행은 영원히 그대로 남아 있다. 스피노자에게 두려움은 부정적인 것이다. 왜냐하면, 선에 도달하고자 하는 힘, 즉 인간의 창조력을 말살시키기 때문이다. 그러나 불행하게도 감정에 대한 신념이나 호소, 동기부여의 행동들이 항상 바람직한 결과를 가져오지 않는다. 그렇게 되면 오직 상과 벌만 남게 된다. 상은 상을 받게 한 행동을 반복하게 하므로, 다시 말해서 좋아하는 행동을 하게 유도하기 때문에 선호된다. 반면 벌은 벌을 받는 행동 외에 더 바람직한 다른 행동을 명확하게 장려하지 않고 오직 한 행동만을 억제하기 때문에 심각한 피해를 일으킬 수 있다. 전기 콘센트에 손가락을 넣고 싶어 하는 아이에게 그런 행동을 할 때마다 그렇게 하지 않을 때의 보상이나 이성적인 설명을 해서는 그런 위험한 행동을 못하게 하기는 힘들다. 손을 한번 때려주고 쩌렁쩌렁하게 "안 돼!"라고 한 마디 하는 것이 훨씬 더 효과적이다.

우리 교육자들이 염두에 두어야 할 것은 두려움이 많은 아이가 더 순종적이고 사회 규범과 금지 사항들을 더 빨리 배우며 잘 지킨다는 것이다. 유대교에 뿌리를 둔 기독교는 수 세기 동안 바른 행동의 원천으로서 '신에 대한 두려움'을 찬양해왔다. 우리는 매우 조심해야 한다. 순종을 찬미하면서 두려움을 굳건히 다지고 있는 것은 아닌지 말이다.

교육하기 그리고 재교육하기

이제 어렴풋이나마 용기를 가르치는 교육이 어떤 방향으로 나아가야 하는지 보이기 시작한다. 용기 교육은 취약점을 줄이고 강인함을 증대하는 데 중점을 두어야 한다. 어떤 학자들은 보호 요소를 증대하고 위험 요소를 줄이는 것에 대해 말한다. 마찬가지로 이렇게도 말할 수 있을 것이다. 생성적 지능이 적절한 두려움의 스키마를 건설하고 집행적 지능이 그 통제 시스템을 효율적으로 만드는 것이다.

이 모든 것을 더욱 명확하게 설명하기 위해서 아론 벡Aaron Beck이 내게 제시한 예를 들어보겠다.

제인은 일반화된 회피 행동 문제로 나를 찾아왔다. 그녀는 언어적·신체적 학대를 하는 알코올 중독자 엄마와 살았다. 제인은 자신이 본질적으로 엄마를 화나게 하는 못난이라서 엄마가 자신을 학대하는 것이라며 학대를 정당화했다. 비록 엄마 말을 듣지 않거나 나쁜 행동을 한 기억은 없었음에도 불구하고 말이다. 실제로 그녀는 말을 잘 듣는 아이였고 엄마 마음에 들기 위해 노력했다. 하지만 제인은 자기가 나쁜 사람이라는 결론에 도달했다.

그녀는 단 한 번도 엄마의 학대가 엄마 자신의 내부 문제에서 기인한다는 걸 상상도 하지 못했다. 서른 살이 된 제인은 아직도 자신이 가치 없고 나쁜 사람이며 그런 자신의 본모습을 알게 되면 누구든지 자신을 거부할 거라고 믿었다. 그녀는 자신의 능력에 못 미치는 일을 했다. 더 좋은 자리로 승진할 수 있음에도 불구하고 그녀는 승진의 길을 회피했다. 사장에게 승진을 요구하거나 다른 직업의 기회를 찾거나 이력서를 돌리는 따위의 행동은 하지 않았다. 그녀는 그 상황에서 자신을 빼낼 그 어떤 상황이 발생할 것이라는 희망에만 얽매여 살았다. 제인은 치료를 받으러 와서도 본인은 아무런 노력을 하지 않으며 의사가 '병을 고쳐주기'를 기다렸다. 그녀는 '치유'가 외부로부터 온다고 믿고 있었다. 왜냐하면 그녀는 스스로 변화를 시도할 만한 능력이 전혀 없다고 믿었기 때문이다.

제인의 사례에서 우리는 '두려움의 스키마'가 어떻게 형성되는지 엿볼 수 있다. 두려움의 스키마는 경험을 설명하는 믿음을 포함하여 인생에 대한 태도, 즉 제인에게 일어나는 모든 현상을 해석하는 방향이 된다. 그녀의 유일한 출구는 스키마를 바꾸는 것밖에 없다. 프로이트는 유년 시절의 어떤 경험이 특정 스키마를 유발했는지만 알면 스키마를 바꿀 수 있다고 생각했다. 기억으로의 여행이 항상 기만적이라는 걸 간과한 채 말이다. 왜냐하면 스키마의 한 부분은 타고난 것이고 그 원인을 알아낸다 해도 그것이 변화를 가져오지는 않는다. 예를 들어 강간을 당한 사람이 받는 고통처럼, 외상 후 스트레스의 경우는 원인을 알더라도 그 후유증을 극복하는 데는 아무런 도움이 되지 않는다. 프로이트는 해결책에 근접하긴 했지만 그것을 찾지는 못했다. 그래도 최소한 기억해야 할 한 가지 사실은 모든 경우에서 그러한 스키마들이 우리 유년시절을 통해 형성된다는 것이다. 왜 어떤 아이는 두려움이 많고 어떤 아이는 두려움이 없을까? 왜 어떤 아이는 특정한 것을 두려워하는데 다른 아이는 그러지 않을까? 동물들은 위험을 인지하는 선천적 원형을 가지고 태어난다. 토끼는 하늘을 날아다니는 세모 모양의 물체만 보면 도망간다. 그 물체가 매의 그림자라는 건 경험으로 알 수 없다. 왜냐하면 매인 줄 아는 순간, 낚아채어 죽을 테니까 말이다. 그러나 마찬가지 방법으로 다른 학습 스키마도 만들어나갈 수 있다.

중요한 것은 아이가 기본적인 안정감을 획득하게 하는 것, 자신과의 싸움에서 이길 수 있도록 도와주는 것, 과잉보호를 하지 않고 위로해주는 것, 그들의 두려움이 다음 행동을 결정하지 않도록 하는 것, 그리고 더욱 안전하고 많은 기회가 존재하는 세상에 대한 모델을 만들어가는 데 도움을 주는 경험을 쌓게 하는 것이다. 그리하여 자기 자신에 대한 자존감을 높이는 것이다. 이 모든 것이 우리가 긴 시간을 할애해서 다루어야 하는 이야기다.

용기공장
The Courage Factory

공장 2층에는 '두려움의 스키마'에 관한 학자들의 연구소가 자리 잡고 있다. 이는 내가 볼 때 아주 중요한 분야이기에 나는 네 명의 학자들을 초대했다. 첫 번째 그룹은 앨버트 엘리스와 아론 벡이다. 마틴 셀리그먼은 "근대 심리학의 역사를 쓸 때 언급해야 할 저자는 몇 안 될 것이다. 프로이트와 융이 바로 그들이다"라고 말했다. 셀리그먼은 이어서 재미있는 이야기를 해준다. "엘리스는 혁명적인 사람이었다. 그는 당시 거센 비난을 받으면서도 성적인 문제와 가족과 관련된 문제를 치료하면서 일을 시작했다. 1960년대 프린스턴대학교에서 공부할 때, 나는 학생들을 위한 성에 대한 프로그램을 기획한 적이 있다. 그때 나는 엘리스를 초청했다. 그는 강연 제목을 '오늘의 자위행위'라고 정했다. 대학교 총장은 아주 침착하고 냉정하게 그의 초청을 철회하게 했다".

엘리스는 우리 감정과 행동의 기저에는 믿음 체계가 있다고 믿었다. 만약 그것들이 적절하다면 적절한 감정을 발생시킬 것이며 만약 그것이 병적이라면 병적인 감정을 일으킬 것이라고 믿었다. 믿음은 스키마의 일부를 형성한다. 그의 이론은 내가 발표한 SER(상황-스키마-반응) 모델의 기초가 되었다.

앨버트 엘리스 만약 두려움이 현실주의자이고 신중하다면 당신이 특정한 일을 했을 때 어떤 나쁜 일이 일어날 것이라고 경고해줄 것입니다. 그리고 아마도 정말 당신에게 경고한 나쁜 일이 일어나지 않길 바란다면 그 일을 하지 않으면 됩니다. 그러나 비이성적인 두려움은 많습니다. 그리고 불행하게도 사람들은 강한 불안 상태로 이끄는 그런 종류의 두려움을 매우 자주 만들어냅니다. 그러나 내가 고안해낸 이성-감정-행동주의 치료는 "인생에서 무언가 나쁜 일이 일어났을 때 유발되는 건전한 부정적 감정(고통, 애도, 좌절, 초조함)과 불건전한 부정적 감정(공포, 우울증, 분노, 자기 연민, 자기 자신이 가치가 없다고 느끼는 기분)을 명확하게 구분합니다".

저자 우리가 모두 우려하는 것은 바로 그러한 비이성적인 두려움이죠.

앨버트 엘리스 그러한 두려움은 매우 빈번해서 거의 모든 사람이 하나씩은 가지고 있어 인생에서 그 두려움 때문에 바보처럼 선을 긋는 경우가 있습니다. 어떤 사람은 엘리베이터나 에스컬레이터, 기차 타는 걸 무서워하죠. 그것들을 이용했을 때 사고가 일어날 확률이 적은데도 불구하고 말입니다. 어떤 사람은 다른 사람이 나를 나쁘게 생각하는 걸 두려워하죠. 비록 그들이 자신에게 어떤 영향력을 행사하고 있지 않아도 말입니다. 어떤 사람은 다른 사람들이 자신을 무시할까봐 두려워하죠. 그러나 두려움을 줄이기 위해서 아무 말도 하지 않으며 인정받지 못하는 사실을 수정하기 위해서 어떤 행동도 하지 않습니다. 어떤 사람은 자기가 좋아하는 사람들이 언젠가 자기를 버릴까봐 두려워합니다. 왜냐하면 언젠가 자신이 좋아하던 사람에게서 버림받은 적이 있었기 때문이죠. 마찬가지로 어떤 특정한 이유로 해고를 당한 사람은 다시는 일자리를 구할 수 없을 것이라 생각하기도 합니다.

저자 당신의 치료가 내포하는 낙관주의적인 메시지는 "불안의 대부분은 자생적으로 생긴 것이기 때문에 스스로 '퇴화'할 수 있다"는 것입니다.

앨버트 엘리스 맞아요. 그러한 불안 생성 기저에는 일련의 비이성적인 믿음이 자리 잡고 있죠. 내가 방법론적으로 제안한 것은 각 사례별로 비이성적인 믿음에는 어떤 것이 있는지 밝혀낸 다음 그것을 바꾸기 위해 체계적으로 작업하는 거였어요. 오랜 기간 이 분야에 종사하면서 도달한 결론 중 하나는 인간 고통의 큰 부분을 차지하는 핵심 감정은 바로 부끄러움이었습니다. 심각한 우울증에 시달리던 스물일곱 살의 베아트리스라는 환자가 생각납니다. 가톨릭 집안에서 자란 그녀는 열네 살 때 임신을 하게 되었는데 그녀의 부모는 이 사실을 그야말로 비극적인 상황으로 인식했죠. 임신 중절을 한 베아트리스는 그 뒤 완전히 외톨이로 선생님이라는 직업에만 전념하고 살았죠. 그녀는 아이들을 제외한 세상과 관계를 맺는 게 두려웠으며 절대 실망이나 비판을 받을 만한 위험은 감수하지 않았어요. 그녀는 모든 것이 부끄러웠죠. 그녀의 핵심 믿음은 이것이었습니다. '나는 부끄럽거나 비난받을 짓은 하면 안 된다. 만약 그러지 않으면 사람들이 예전에 그랬던 것처럼 나를 쪼아댈 것이다. 그런 끔찍한 일을 두 번 다시 겪지 않기 위해서 나는 안전하다고 생각되는 일만 할 것이며 절대 거짓된 일을 안 할 것이다. 그러면 모든 면에서 완전히 행복하지는 않겠지만 적어도 조용히 살 수는 있을 것이다. 무엇보다 안전한 것이 우선이다. 창조적이거나 오락 같은 건 안 된다. 그렇지 않으면 끔찍한 실수를 다시 저지를 수 있고, 나는 다시 멸시를 당하게 될 것이다'. 이 경우 그러한 믿음을 제거하기 위한 가장 간단한 방법은 모든 사람이 항상 그녀의 행동을 예의주시할 거란 생각이 이상하다고 말해주는 것이었어요. 나는 그녀에게 작은 부끄러움과 관련된 연습을 할 것을 권했죠. 예를 들어, 햇빛 좋은 날 비가 억수로 쏟아진다고 믿으면서 검은 우산을 들고 나가는 것이었어요. 그녀는 그 연습을 여러 번 반복한 뒤 그 행동에 무관심해질 수 있었습니다. 믿음에 대한 심적 작용, 수많은 습득된 감정 반응에 대항하는 행동을 통해서 우리는 변할 수 있습니다.

저자 마지막 질문을 할게요. 당신은 젊었을 때 아주 심각한 사회적 불안을 앓았다고 말한 적이 있어요.

알리스 앨버트 제가《불안이 당신을 조절하기 전에 당신이 불안을 조절하는 방법》에서 고백한 바 있죠. 어느 날 나는 나를 불안하게 하거나 초조하게 만들어서 회피하려 했던 온갖 종류의 일들을 반대로 해보기로 했습니다. 매주 나는 '젊은 미국Young America'이라는 내가 만든 기관에서 대중강연을 기획하고 진행했는데 효과가 있었어요. 처음에는 끔찍할 정도로 불편했지만 시간이 지나면서 조금씩 덜 불편해졌고 마지막에는, 놀랍게도 편해졌어요! 나의 심장 박동수, 진땀, 더듬거림, 이 모든 것들이 점진적으로 사라져갔어요. 그다음 정말 나를 시험대에 올려놓기 위해서 나는 내 인생에서 가장 큰 두 번째 실험을 하기로 했죠. 내 사회적 불안을 나로부터 떼어내기 위해서! 그리고 특히 관심 있는 여자로부터 거부당할 것에 대한 두려움에서 벗어나기 위해서! 여자에게 거부당할 것에 대한 두려움은 내 인생 전반에 있어 재앙과도 같은 일로 대중 앞에서 말할 때 느끼는 두려움을 압도할 정도였습니다. 나는 관심 있는 여자에게 다가가 말을 거는 일이 너무 어려웠어요. 대학 졸업을 한 달 정도 앞둔 8월의 어느 날, 나는 매일 브롱스의 뉴욕식물원에 가는 과제를 스스로에게 부과했어요. 거기서 나는 설사 그것이 너무 불편할지라도 무조건 모르는 여자에게 말을 걸어야 한다는 나만의 과제를 만들었죠. 나는 나 자신에게 말하며 다짐했어요. 벤치에 혼자 앉아 있는 여자를 발견할 때까지 식물원을 산책하다가 발견하는 즉시, 망설임 없이 그 여자 옆에 가서 앉기도 했어요. 그렇게 나는 나만의 숙제를 열심히 수행했습니다. 벤치에 혼자 앉아 있는 여자를 보고 떨리는 마음이 들어도 발견 즉시, 그 여자 옆에 앉았죠. 그 여자의 외모나 나이, 신체조건 따위는 절대 변명이 될 수 없었어요. 변명의 여지없이! 그렇게 해서 총 8월 한 달 동안 130명의 여자 옆에 앉았던 것 같아요. 그중 30명, 그러니까 거의 셋 중 하나는 내가 가서 앉자마자 벤치에서 일어나 다른 곳으로 가버렸지요. 아주 실망스러운 일이었어요! 그러나 나머지 백 명은 그 자리에 계속 앉아 있었습니다. 이 수치는 연구에 목적이 있었던 나에게 매우 고무적인 것이었죠! 실망하지 않고 나는 나머지 백 명과 계획했던 주제로 대화를 시도했습니다. 나는 꽃과 나무, 날씨, 새, 벌, 책 또는 그들이 읽고 있던 신문에 관해 상황에 따라 대화를 시도했죠. 지적이거나 특별한 주제, 사생활에 관한 것도 배제했어요. 그리고 그들의 외모나 그들에게 경계심을 불러일으킬 만한 주제는 모두 피했어요. 오직 수백 개의 상투적인 문장만을 사용했습니다. 물론 백 명 중 몇 명은 아주 짧게만 이야기를 나눴지만, 몇몇과는 한 시간 넘게 긴 대화를 나누기도 했죠. 나는 그녀들 중 많은 사람이 나와 긴 대화를 나누기 위해 자세를 바꾸는 모습을 볼 수 있었어요. 그녀들이 편안해하면 나는 그녀들의 직업과 가족, 취미 생활, 관심 사항 등 다양한 것을 질문했습니다. 누군가가 나에게 소개팅을 해줬다면 정상적으로 오갔을 뻔한 대화를 했죠. 그녀들과 대화를 시도하기로 한 실험을 시작한 진짜 목적—데이트를 해서 더 자주 만나서 함께 자고 나아가 그중 한 명과 결혼까지 하는 것—은 단 한 건도 달성하지 못했어요. 단 한 명도 건지지 못했죠. 나는 내가 대화한 백 명의 여자들 가운데 오직 단 한 명하고만 데이트 약속을 했으나 그녀마저도 데이트 장소에 나타나지 않았어요. 그 8월 내내 나는 백 명의 여자들에게 거부당했으나 나의 사회적 불안, 특히 낯선 장소에서 낯선 여성들에게 말하는 것에 대한 두려움은 완전히 해소되었습니다. 어떻게요? 의식적으로 실험적 행동을 통해 내가 두려워하는 행동을 실제로 했을 때 어떤 끔찍한 일도 일어나지 않았다는 걸 경험하면서 말입니다. 내가 대화를 시도한 그 어떤 여자도 칼을 집어 들고 내 성기를 자르지 않았어요. 내가 대화를 시도한 그 어떤 여자도 구토를 하거나 도망가지 않았어요. 그 누구도 경찰을 부르지 않았습니다.

아론 벡은 우울증 치료, 성격장애, 불안 및 두려움 치료에 인식 방법을 적용했다. 그의 이론은 해로운 믿음을 찾아내서 그게 맞지 않고 제거하기 위해 싸우면 실질적인 변화가 나타난다는 것이다. 나처럼 적대적인 두려움에 대해 호전적인 이론을 주장한 것이다. 모든 인식주의 심리학자들처럼, 아론 역시 스토아학파 철학자 에픽테도스Epictetos의 명언을 인용하기 좋아한다. "사물이 우리를 고통받게 하는 것이 아니라 사물에 대한 우리의 생각이 우리를 고통받게 한다". 생각하는 방식을 바꾸면 느끼는 방식을 바꿀 수 있다.

저자 나는 당신의 연구 주제 중 회피성 인격장애에 대한 당신의 해석을 이 자리에서 다시 듣고 싶습니다. 아이들에게 회피성 인격장애가 있다고 진단하는 것은 매우 신중하지 못한 행동이지요. 왜냐하면 아이들의 인격은 아직도 발달 중이기 때문입니다.

아론 벡　이런 종류의 장애를 가지고 있는 환자들은 일반적, 행동적, 감정적 그리고 인식적 회피 성향을 보입니다. 이러한 회피는 자괴감, 거부당할 것에 대한 두려움, 불쾌한 감정들은 참을 수 없다는 믿음에 그 뿌리를 두고 있습니다. 전형적인 회피성 인격장애 환자는 이렇게 믿죠. "나는 사회 부적응자이며 달갑지 못한 사람이다". 그리고 "다른 사람들이 나보다 우월하고 나를 알게 되면 모두 나를 비난하거나 싫어할 것이다". 치료가 진행됨에 따라 이러한 감정적 회피는 다음의 믿음에서 비롯된다는 것이 발견됩니다. "난 강한 느낌들은 조절할 수가 없어", "당신은 내가 약하다고 생각하겠죠". 이런 종류의 환자들은 불편한 상황을 견딜 힘이 매우 부족하기에 그러한 생각에서 벗어나기 위해서 중독을 포함한 다양한 행동을 하게 됩니다.

저자　스키마 개념이 이러한 현상을 설명하는 데 도움이 되나요?

아론 벡　그렇습니다. 회피성 성향을 보이는 환자들은 어쩌면 어렸을 때 습득한 여러 개의 부정적인 믿음 또는 스키마를 가지고 있을 수 있습니다. 그 사람에게 영향력 있는 사람—엄마나 아빠, 형제 또는 친구—이 모욕감 또는 경멸스러운 경험을 일으켰을 수도 있습니다. 그러나 그런 경험을 한 모든 아이가 회피성 성향이 있게 되는 것은 아니죠. 그런 부정적 상호작용은 어떤 식으로든 설명될 필요가 있습니다. "엄마가 날 이렇게 다루는 걸 보니 난 나쁜 사람인 게 분명해". "부모님이 나를 싫어하는데, 어떻게 다른 사람들이 나를 좋아하겠어?" 가장 효율적인 치료는 이러한 잘못된 믿음들을 밝혀내서 제거하는 것부터 시작합니다.

아론 벡의 연구실 바로 옆에는 제프리 영Jeffrey Young의 연구실이 자리 잡고 있다. 제프리는 심리학 박사로 뉴욕 및 코네티컷 인지치료센터장과 스키마치료연구소 소장이자 설립자이기도 하다. 그리고 컬럼비아대학교 정신의학과 교수로 활동하고 있다. 그는 불안과 두려움, 슬픔과 우울증, 상실 및 애도 단계, 커플 및 부부 문제, 직장 스트레스 등과 함께 꿈과 연결된 주제들을 연구해왔다. 인지행동 치료학의 창시자인 아론 벡의 초기 제자들 가운데 한 명으로 그의 치료는 이 방향의 심리학에 토대를 두고 있다. 그는 25년간 치료와 연구를 하며 이러한 접근 방식이 많은 경우 유효했지만, 인격 장애와 같이 복잡한 문제를 치료하는 데는 한계가 있음을 발견했다. 그래서 1980년대 초에 다른 장애에 내성을 지닌 환자들을 위한 통합적 모델, 스키마 치료를 개발하기 시작했다.

제프리 영 나는 내가 진행하는 치료에 반응하지 않는 많은 환자를 보며 이 주제에 관심을 가지기 시작했어요.

저자 최근 읽은 연구 결과에 따르면 환자 중 27퍼센트가 기존의 치료법에 반응하지 않았다고 확언하셨네요.

제프리 영 그럴 수도 있어요. 나는 그러한 사례들을 연구하기 시작했고 내 동료들에게 어떤 종류의 공통된 원형이 있는지 살펴보기 위해 그들이 실패한 환자들을 보내달라고 했습니다. 결국 열한 개의 '치명적 함정'을 밝혀냈는데 거기에 기존 치료를 통해서도 치유될 수 없었던 환자들이 해당했습니다.

저자 '치명적 함정'이란 무엇이죠?

제프리 영 우리의 모든 경험을 해석하고 결론적으로 우리 행동을 지휘하는 것은 유아 시기에 뿌리를 두고 있는 스키마입니다. 많은 경우 피하고 싶은 결과들로 이어졌지요.

저자 예들 들어주시죠.

제프리 영 스물여덟 살의 애비는 남편이 죽을 수도 있다는 두려움에 사로잡혀 있었어요. 내게 제일 먼저 말한 것은 그녀의 아버지가 그녀가 어렸을 때 돌아가셨다는 거였죠. 그리고 그녀는 아직까지도 창가에서 아빠를 기다리고 있었어요. 남편의 잦은 출장 때문에 애비와 남편은 잦은 마찰을 겪었습니다. "남편이 출장을 갈 때마다 애비는 많이 불안해 했고 남편도 집으로 돌아오는 것을 두려워하기 시작했죠. 그녀는 다음과 같이 말했어요. '남편이 집에 없으면 하루의 반은 공포에 질려 있고 다른 반은 울고 있어요. 난 외로워요. 남편이 집에 오면 나를 하루 종일 두려움에 떨게 만든 남편이 미워서 화가 나요. 아이러니한 건 남편이 집에 돌아오면 그의 얼굴조차 보고 싶지 않을 정도로 기분이 나빠요".

저자 당신이 밝혀낸 '치명적 함정들'에는 뭐가 있죠?

제프리 영 한 문장으로 열한 개의 함정들을 설명해보겠습니다.

1 방치: 제발, 날 떠나지 마!

2 불신: 널 믿을 수가 없어.

3 감정적 박탈감: 절대 내가 필요한 사랑은 받지 못할 거야.

4 사회적 배제: 어디서도 날 받아주지 않아.

5 의존감: 나 혼자는 못해.

6 취약성: 곧 재앙이 닥칠 거야.

7 불완전함: 난 아무짝에도 쓸모없어.

8 실패: 난 실패자 같아.

9 정복: 항상 네가 원하는 대로만 하지.

10 도달할 수 없는 규칙: 한 번도 제대로 한 적이 없어.

11 당당함: 내가 원하는 건 뭐든지 할 수 있어.

이 층에는 '레슬리 그린버그Leslie Greenberg' 라는 명패의 네 번째 연구실이 있다. 그는 토론토대학교에서 강의하는 남아프리카공화국 출신의 심리학자다.

레슬리 그린버그 내 관심사는 '감정적 변화를 어떻게 하면 잘 도와줄 수 있느냐'입니다. 이를 위해서는 내적 인지-정서 스키마와 경험 및 행동 생성에 내포되는 절차들(주의 기울이기, 상징화하기, 반성하기)을 주의 깊게 살펴야 합니다.

저자 우리 용기공장에서 가장 관심이 가는 것은 바로 당신의 말에 따르면 '감정적 스키마의 변화를 쉽게 하기 위한 진료 및 기타 인지 과정들을 재구성하기 위한' 방법론입니다.

레슬리 그린버그 맞아요. 우리는 새로운 감정적 의미 창조를 쉽게 하기 위해 노력합니다. 예를 들면, 모든 것을 두려움의 프리즘으로 해석하던 사람을 희망의 프리즘으로 해석하게끔 구조를 바꾸는 것이죠. 즉 그들의 스키마를 바꾸는 것입니다. 감정적 스키마는 일종의 구조물로 의식적이지 않은 방식으로 우리가 우리만의 경험에 의미를 부여하는 데 개입하는 인지, 정서, 감각의 다양한 원천들을 통합합니다. 이러한 스키마들은 세상을 해석하는 우리의 복잡한 내적 방식 모델을 형성하죠.

저자 당신의 말을 다시 빌리자면, 우리가 우리 공장에서 추구하는 것은 '이러한 감정적 스키마들의 재구성을 활성화하고 쉽게 하는 것'입니다.

레슬리 그린버그 낡은 구조를 재구성하기 위해서는 절차를 연구하고 지휘하여 새로운 스키마를 생성하는 것이 필요합니다.

내가 그린버그의 연구에 관심을 두게 된 것은 내 전공과는 무관한 그의 치료 모델 때문이 아니다. 나는 그가 치료 모델에 내가 연구하는 주제들을 통합시키고자 시도했기 때문에 관심을 가지게 되었다. 이 분야는 주의력, 자동적 인지 절차, 뇌가 평행적으로 정보를 조절할 수 있다는 가능성, 메타 인지능력 그리고 마지막으로 기억의 본질적인 역동성이 포함된다. 이 모든 것들이 지능 및 재능 교육 모델에 포함되어 있다. 이 모든 저자들의 연구는 내가 활용할 수 있는 자원 지도를 그려주고 있다. 그것들은 자기 통제와 효율성 느낌, 스키마 재구성, 행동이다. 아주 좋은 소식이 아닐 수 없다.

4

용기,
두려움에
지지 않는 법

지금까지 항상 했던 것을 하고 있다면
네가 언제나 그랬듯이 변함없음에 놀라지 마라

_이름 모를 현자_

어느 날 한 아이가 내게 충고했다.
"두려운 일을 지금 시작해라".

랄프 왈도 에머슨Ralph Waldo Emerson

두려움은 어떤 한 과정의 끝이고 또 다른 과정의 시작이다. 우리가 느끼는 감정은 우리 생성 지능의 내적 연금술의 결과이며 집행 지능에게 결정을 내리게 요구한다. 즉 우리가 스스로 행동을 통제하고 자유를 회복할 수 있도록 두려움에 포기할 것인지 아니면 대처할 것인지 결정하게 하는 것이다. 나는 인터넷에서 두려움에 관한 작자 미상의 유머러스한 독백을 발견했는데, 여기서 여러분과 나누고 싶다.

두려움은 정말 나쁘다. 무슨 소리냐고? 인간은 두려움을 맞이할 준비가 되어 있지 않다. 두려움 앞에서는 위엄 있게 행동할 줄을 모른다고. 두려울 때 우리가 범하는 수없이 많은 바보 같은 짓거리를 보면 잘 알 거야. 예를 들어볼께. 네가 저녁에 침대에 누워 있는데 밖에서 이상한 소리가 들려, 그럴 때 어떻게 하지? 이불을 뒤집어쓰지! 잘했어! 네 이불이 방탄 이불쯤 되나 보네? 나쁜 사람이 칼을 들고 있어도 방탄 이불이면 통과할 수 없겠지? 말도 안 되지? 여보세요! 우리 그렇게 덜덜 떨 나이는 지났죠! 게다가 침대

밑에 살인자가 있다고 치자, 침대 밑을 살펴봐서 어쩔 건데? 널 좀
더 빨리 죽이라고? 좋아, 멋지네. 언젠가 침대 밑에서 누군가를 발
견할 걸 상상하니? 뭐라고 말할까? 잘 자? 뭐라고? 죽으면서, 그렇
게? 다른 상황을 예로 들어볼게. 집에서 이상한 소리가 들려. 넌 침
대에서 잠옷 차림으로 공포에 떨며 침대에서 일어나며 질문하지
"누구 거기 있어요?" 도대체 뭐하는 거야? 만약 정말 거기 누가 있
으면 너한테 대답할 것 같아?

우리는 모두 두려움을 느낄 때 우스꽝스러운 반응을 보인
다. 그래서 상황에 맞는 적절한 행동을 찾기 위해 노력해야 한다.
우리는 두려움을 지능적으로 다룰 줄 알아야 한다. 문제는 다음
과 같이 요약할 수 있다. '두려움이라는 감정이 우리를 엄습할 때
어떻게 행동하는 것이 옳을까?' 요즘 들어 유행처럼 우리의 감정
을 다스리는 것은 'EQ'라고 말들 한다. 이건 말도 안 된다. 이 말
은 차는 엔진만 있으면 움직일 수 있다고 말하는 것이나 마찬가
지다. 감정 조절은 감정 밖에서부터 해야 한다. 왜냐하면, 감정은
그 특성상 항상 독재자처럼 굴기 때문이다. 두려움은 행동의 주
인이 되고 싶어 하고, 급습하며 진행 중인 모든 프로젝트를 단념
하게 하며 위험으로부터 도망치게 한다. '감정적으로 지능적인'
사람은 필수적인 목적을 달성하기 위한 적절한 감정적 윤곽을 획
득한 사람일 것이다. 내가 앞에서 설명한 것처럼 이런 사람은 적
절한 '감정 스키마'를 가지고 있다. 감정 문제는 집행 지능이 담당

하는데 그 에너지를 받고 평가한 뒤 계속 충동을 따라야 할지 아니면 차단해야 할지, 바꿔야 할지를 결정한다. 최근 몇 년 동안 꽤 바보 같은 말들이 유행처럼 번졌었다. 많은 사람이 감정은 매우 현명하기에 우리는 감정이 이끄는 대로 따라가야 한다는 말이다. '직관적 지능'에 관한 책들은—예를 들면 말콤 글래드웰Malcolm Gladwell—모두 그런 주장을 한다. 그 주장은 거짓이다. 왜냐하면 어떤 감정은 상황에 분명하게 적용할 수 없기 때문이다. 이러한 주장을 하는 학자들은 논리적 순환에 빠진다. 우리는 현명한 감정들은 믿을 수 있다. 그러나 그러기 위해서는 먼저 현명한 감정과 어리석은 감정을 구분할 줄 알아야 한다. 현실을 잘 파악하고 그에 맞게 주체를 움직이게 하는 스키마를 가지고 있는 감정은 현명하다. 이런 감정은 행동을 바람직하게 지휘하는 지능에 상당한 도움을 준다. 나는 구 소련의 유명한 체스 선수의 코치가 위협받고 있는 체스판 위치를 눈빛으로 파악할 수 있도록 선수들에게 바람직한 '두려운 느낌'을 습득하는 훈련을 시킨다는 말을 들었다. 이런 훈련을 한 후 얻은 그 감정은 믿을 만한 것이었다. 이러한 이유로 우리 공장에서는 두려움이라는 고유 감정을 숙고할 것을 권장한다. 길에서 만난 두려움을 그냥 지나치는 것이 아니라 두려움의 공리공론과 영향, 지배력, 메커니즘을 이해하려고 시도할 것이다. 체스 선수처럼 우리도 우리의 '두려운 느낌'을 잘 다듬어놓는 것이 좋다. 공황 발작을 일으키는 사람에게 우리가 권고하는 것은 발작 전에 어떤 전조가 있는지 숙지하라는 것이다. 우리는 환자가 자신의 두려움을 알아채는 것을 도와준다. 환자에게 타인에 대한 두려움은 사실 다른 사람과 관계를 맺을 때 자신의 이미지를 어떻게 보호할 줄 몰라서 비롯된다는 사실을 이해시키는 것이 바로 두려움에 대한 지각을 교육하는 것이다. 우리 각자가 느끼는 두려움과 지능적으로 협상을 하기 위해서 제일 먼저 해야 할 일은 보호 기능이 있는 두려움과 교란 기능이 있는 두려움을 구별하는 것이다. 첫 번째 두려움은 우리가 안전한 행동을 하도록 도움을 주는 데 반해, 두 번째 두려움은 안전한 행동을 오히려 방해한다. 제대로 생각할 수 없는 상태로 만들어 올바른 결정을 내리지 못하고 도망가게 하는 것이다.

감정 조절

우리는 우리의 감정을 신뢰할 수 없으므로 그러한 감정들을 알아차리고 조절하는 법을 배울 필요가 있다. 어떤 경우에는 감정을 완화해야 하고 어떤 경우에는 강화해야 한다. 또 바꿔야 하는 경우도 있고, 유지해야 하는 경우도 있다. 이를 담당하는 것은 자율 감정 조절로 집행 지능의 기능 가운데 하나다. 만약 자율 감정 조절이 잘 되어 감정이 적절한 목적을 달성하는 데 도움이 된다면, 지능은 거침없이 앞으로 나아갈 것이다. 그런데 만약 자율 감정 조절이 잘 안 되어 즉 감정이 방해물이 되고 우리 행동 가능성을 한정 짓고 부적절한 목적을 선택하게 한다면, 지능은 힘겹게 전진하거나 실패할 것이다. 우리는 종종 정서적으로 정체되고 중독된다. 우리에게 힘을 주고 빼앗는 그러한 감정적 힘을 조절하기 위한 전략을 우리는 기술적인 용어로 영어로 'coping'이라는 말을 사용한다. 나는 이 책에서는 '극복'이라고 번역해서 사용하겠다. 우리는 슬픔, 시샘, 질투 그리고 기쁨, 사랑, 열정, 낙관주의를 다룰 줄 알아야 한다. 물론 두려움도 마찬가지다. 시험 보는 것, 회사의 임원들 앞에서 프로젝트를 발표하는 것, 질병에 대처하는 것, 직장을 찾는 것, 실업자가 되는 것, 이 모든 상황이 두려움을 일으킨다. 앞의 상황들에 대처하는 법을 배우는 것은 개인적으로, 그리고 사회적으로 매우 중요한 주제다. 만약 두려움이 보호적인 성격이라면 두려움의 충고를 따라야 한다. 그러나 반대로 적대적인 두려움일 수도 있다. 적과 마주쳤을 때 네 가지 가능한 대안이 있다. 적과 싸워 이기거나, 도망치거나, 항복하거나, 또는 협상하는 것이다. 가장 좋은 가능성은 이기는 것이지만 협상도 나쁘지 않다.

우리의 대응 메커니즘은 선천적인 것과 습득된 것으로 나뉜다. 이 둘 중 어떤 것들은 긍정적이고 또 어떤 것들은 부정적이다. 우선 항상 선천적인 메커니즘부터 설명해보겠다. 자궁 안에 있는 아기는 손가락을 빨면서 안정을 찾을 수 있다. 출생 후에도 계속 그 행위를 할 것이다. 공갈젖꼭지는 아기에게 안정감을 주고 심리학자들이 말하는 '과도기적 대상'들도 안정감을 준다. 가령 안정감을 상징하는 헝겊 인형 등도 비슷한 역할을 한다. 두려움은 나 아닌 타인에게서 절망적인 심정으로 위로를 구한다. 그래서 우리를 다른 사람과 함께하게 한다. 그러나 혼자 스스로 안정감을 찾는 방법을 배워야 한다. 왜냐하면 우리는 좋든 싫든 개별성을 사랑하는 사회적 존재이기 때문이다. 혼자 안정감을 찾는 법을 배우는 것은 매우 위대한 진화적 전략이라고 할 수 있다. 이 책을 읽는 여러분은 안정감을 찾기 위해 무슨 방법을 사용하는가? 담배를 피우거나, 따뜻한 물로 목욕을 한다거나, 운동을 한다거나, 술을 마신다거나, 진정제를 복용한다거나, 누군가와 수다를 떤다거나, 쇼핑을 하러 간다거나, 아니면 초콜릿을 먹는지도 모르겠다. 아이는 자라면서 새로운 자율 조절 전략들을 배워나간다.

무엇인가 불편함을 느끼면 아이는 울거나 자신을 혼란스럽게 하는 것으로부터 고개를 돌린다. 엄마는 아이의 긴장감이 너무 높아질 때 도와주면 된다. 그러나 엄마의 역할은 조금씩 더 강도 높은 스트레스를 스스로 견디도록 도와주는 것임을 명심해야 한다. 아이의 지적 능력이 높아질수록 아이들은 기분 전환이 매우 효율적인 전략임을 배우게 된다. 폴 해리스Paul Harris는 유아 감정 전문가로 내가 특별히 친근하게 느끼는 사람이다. 왜냐하면, 이 분야를 연구하면서 내가 처음 알게 된 전문가였기 때문이다. 아래 글은 그가 방금 기숙사에 들어간 여덟 살짜리 소년과 나누었던 대화 일부다.

폴 해리스 슬프면 어떻게 하니?

아이 　많이 움직이고 운동을 해요.

폴 해리스 　그러면 기분이 좋아지니?

아이 　글쎄요, 계속 몸을 움직이고 바쁘니까 생각이 잘 안 나요. 뭔가를 계속하고 있으면 집이 덜 그리워져요.

폴 해리스 　어떻게 집 생각이 덜 나게 되는 거지?

아이 　지금 해야 할 일에 머리를 집중하다 보면 다른 일은 잘 보이지 않잖아요.

해리스가 여섯 살 아이들에게 만약 슬픈 생각이 들 때, 그 기분에서 빠져나오려면 어떻게 하냐고 질문했을 때 가장 보편적으로 돌아온 답은 "놀러 나가요"였다. 사춘기가 되면 그들의 전략은 아주 많이 복잡해진다. 감정 교육—그리고 또 다른 차원에서는 치료—에서 추구하는 것은 아이나 어른들이 부정적 감정에 대처하기 위한 좋은 전략을 실천에 옮기게 하는 데 집중한다.

좋은 전략과 나쁜 전략

제인은 파티에 참석할 일이 있으면 매우 불편한 두려움을 느낀다. 어쩌면 여러분도 그럴지 모르겠다. 여러분은 파티에 참석하는 걸 두려워하는 것은 비이성적이며 과장된 것—객관적으로 파티는 유쾌한 곳이니까—이라고 인식하고 있다. 그러나 그런 감정은 피할 수 없다. 이런 경우 다음의 두 가지 태도를 견지할 수 있다.

1 어떻게 해서든지 불편한 감정을 제거하려고 애쓴다.
2 문제를 해결하려고 시도한다. 문제는 제인의 사회적 공포증이다.

제인은 자신의 두려움을 다양한 형식으로 완화할 수 있다. 도망감으로써, 즉 파티에 가지 않거나 다른 회피 전술을 사용함으로써, 예를 들면 진정제나 알코올을 섭취해서 말이다. 위의 결정은 명백히 부정적인 것이다. 왜냐하면 문제를 해결하기보다 더 심화시킬 것이기 때문이다. 그녀의 사회적 공포증은 더 심해질 것이다. 자신을 위협하는 상황이 발생하면 제인은 이런 행동을 반복할 것이다. 이런 식으로 우리는 우리의 적들에게 식량을 공급해주게 된다. 특히 우리가 흔히 '마니아'라 부르는, 심리 치료할 때 '편집증'이라고 부르는 상황이나 충동적인 편집증 상황에서 더 두드러질 것이다. 어떤 사람이 병에 전염될까봐 두려워한다고 하자. 그는 세 개의 다른 비누로 세 번 손을 씻는다. 손 씻는 행위가 그에게 안도감을 주기 위해서는 이미 그가 정해 놓은, 꼭 지켜야 하는 빈도수가 있을 것이다. 어떤 사람은 가스를 잠그지 않고 집에서 나왔을까봐 걱정한다. 그리고 매일 아침 집을 나서서 건물 현관까지 내려온 뒤 다시 가스를 제대로 잠갔는지 확인하러 올라간다. 어떤 사람은 차를 운전하고 가는 동안 자신도 모르게 혹시 누군가를 치지 않았을까 걱정한다. 그리고 다시 사고가 없었는지 확인하기 위해 왔던 길을 되돌아간다. 이런 행동을 하는 이들이 실제로는 매우 똑똑한 사람일 수 있지만 그들이 의식처럼 행하는 앞선 행위들은 바보 같다고 말할 수 있다. 그러나 엄습하는 불안을 참는 것보다 바보스럽고 우스꽝스럽더라도 그런 행동을 반복하는 것이 더 편하다고 말한다.

친구 중에 매우 똑똑한 예수회 신부가 한 명 있는데, 언젠가 한번은 그가 내게 자신의 전략을 말해준 적 있다. 그는 저녁에 교회 불을 끄고 문을 잠그는 책임자였다. 잠자리에 드는 순간이 오면 어김없이 혹시 교회 어딘가의 불은 끄지 않았을지도 모른다는 두려움이 말려들었다. 그는 확인하기 위해 교회로 내려갔다. 그런 상황은 매일 밤 세 번씩 반복했다. 매일 밤, 세 번을 확인한 다음에야 편안하게 잠자리에 들 수 있었다. 그는 내게 웃으며 말했다. "이제 해결책을 찾았어. 불을 끄고 문을 닫은 다음 눈을 감고 잠깐 기다려. 눈을 뜬 다음 다시 문을 잠갔는지 불을 껐는지 확인해. 그 자리에서 세 번 똑같은 행동을 해서 확인한 뒤 내 방으로 돌아가는 거야. 그렇게 하니 훨씬 더 편해지더라고". 그는 자신의 '편집증'을 조심스럽게 유지시켜줬던 그 전략을 매일 밤 반복하다가 은퇴했다. 위대한 정신과 의사 카를로스 카스티야 델 피노 Carlos Castilla del Pino는 우리가 '비정상적'이라고 치부하는 모든 행동도 나름 의미가 있는데, 다만 부적절한 해석 시스템에서 비롯된 것이라고 주장했다. 인간은 불안이나 두려움으로부터 해방되기 위해서 많은 해결책을 만들어냈다. 어떤 것들은 나쁜 해결책이긴 하지만 말이다.

제인의 두 번째 가능성은—즉 우리 모두에게 가능한 두 번째 선택은—우리를 동요시키는 감정에 잠식되는 것이 아니라 대처하는 것이다. 증상(파티에 가야 한다는 생각 자체로 일어난 불편함)을 완화하는 데만 집중하지 말고 문제를 제거하고 두려움의 가능성 앞에서 더는 불안감을 느끼지 않도록 노력하는 것이다. 여러 사람 앞에서 말하는 데 두려움을 가지고 있는 사람이 있다. 잘못된 해결책은 그 행위를 피하는 것이다. 부정하고 변명하면서 도망가는 것이다. 진정한 해결책은 그 두려움을 온전히 느끼는 것이다.

　　이 책을 여기까지 읽은 독자라면 우리가 어떻게 해야 할지 알 것이다. 즉 여러분의 뇌에 자리 잡은 두려움 생성 스키마, 또는 프로그램을 변화시키는 것이다. 컴퓨터 용어로 말하자면 '초기화'를 하는 것이다. 우리 공장의 회원인 리처드 데이비슨은 이것이 신경학적으로 가능하다고 증명한 바 있으며, 이로 인해 신경학은 낙관적이며 고무적인 학문이 되었다. 참 감사한 일이다. '능동적인 전략들'은 두려움을 느끼면서, 내부에서부터 변화시키려 한다. 동물들은 수동적으로 프로그램화된 전략을 가지고 두려움에 반응한다. 달팽이는 움직이지 않고, 소는 공격하며 기린은 도망가고 어떤 수컷 동물을 다른 수컷 동물에게 복종하며 각자의 두려움에 반응한다. 반면 인간은 감정의 충동에 좌지우지되지 않으면서 문제를 직면하기 위한 반응을 선택할 수 있다. 그래서 나는 UP 모델에서 아이들에게 능동적이고 단호하며 도전적인 태도를 장려하는 것이 얼마나 중요한지 이야기한 바 있다. 또한 '순향적proactive' 또는 '생산적'인 행동들이 있다. 이와 같은 행동을 하기 위해서는 용기가 필요한데, 어떻게 보면 이는 순환논리에 빠져 있는 듯한 느낌이다. 왜냐하면, 용기를 성공적으로 획득하기 위해서는 전제 조건으로 이미 용감해야 하기 때문이다. 그렇다면 해결책은 무엇일까? 예를 들어, 가정 폭력에 시달리고 있는 여성에게 가해자로부터 벗어나 경찰에 신고해야 한다고 말하기는 아주 쉽다. 그러나 그걸 실천에 옮기는 것은 정말 어렵다. 두려움이 모든 힘을 빨아들이기 때문이다. 두려움은 기회를 빨아먹는 흡혈귀 같은 존재로 해결책을 찾는 것을 방해한다. 그래서 더 파괴적인 것이다. 가정 폭력의 피해자는 생존하는 것만도 버겁다. 그런데 그 여성에게 자신의 상황을 직시하고 문제를 제거하기 위해 노력해야 한다고 충고는 어쩌면 그 불행한 여성에게 문제가 그녀 자신 때문이라는 죄책감마저 느끼게 할지도 모른다. 그러나 능동적인 행동이 수동성보다 항상 효율적인 것은 분명하다. 심리 치료학은 우리의 견해가 옳다고 말해준다. 600명의 유명한 심리 치료사들이 있는데, 그들 대부분은 다양한 이론적 문제 제기 실천 방법을 가지고 꽤 높은 수준의 효율성을 증명해보였다. 모든 심리 치료사들이 공통으로 동의하는 핵심적인 이론은 하나다. 환자에게 무언가를 하게 하는 것이다. 즉 능동적으로 자신의 문제를 직면하게 하는 것이다. 그리고 바로 이것이 심리 치료의 가치다.

아이들의 주요한 욕구는 성장하고 자립하는 것이다. 이를 위해서
유아기에 두려움을 지배하는 능력을 키워야 한다. 그런데 성장하
면서 유아 시기의 두려움을 극복하고자 하는 내부적 욕구에 반대
되는 이상한 현상이 있다. 그것은 아이들이 괴물과 마녀가 등장
하는 무서운 책을 좋아하는 것이다. 어쩌면 아이들에게는 일종의
칼 싸움처럼 흥미를 유발하는지도 모르겠다. 아이는 자기 고유의
힘을 가늠해보고 싶어 한다. 그리고 아이들은 마음속 깊은 곳에
서부터 아무리 무서운 이야기라도 결국 결말은 행복하다는 걸 알
고 있을지도 모른다. 결국 식인 상어는 잡히고 드라큘라는 패배
한다. 이런 관심의 반대편에는 슈퍼 영웅들에 대한 열광적인 반
응이 있다. 해리 포터의 매력 중 하나는 그가 두려움을 이길 줄 안
다는 것이다. 해리 포터는 모든 괴물들을 이기고 그들을 우스꽝
스럽게 만들 수 있는 마법이 존재하는 것을 알고 있다.

　　아이들도 마찬가지로 긍정적인 대처 방법을 배워야 한다.
이것은 가정에서부터 이루어진다. 겁 많은 성향을 타고 태어난 아
이들 중 삼 분의 일은 유치원에 들어갈 즈음에 소극적인 성향에서
벗어났다. 골먼Goleman은 다음과 같이 서술한다. '유아기에 두
려운 성향이 있었던 아이들을 집중적으로 관찰한 결과 부모, 특
히 엄마의 양육 방식이 아이들에게 큰 영향을 미친다고 말했다.
선천적으로 소극적인 성향을 가지고 태어난 아이가 부모의 보살
핌에 따라 자라면서 더 적극적으로 변화하기도 한다. 그러나 반

대로 소극적 성향이 강해져서 지속해서 낯선 사람을 가리고 어떤 어려운 일이 생기면 불안해할 수도 있다'. 대상 가정들을 관찰한 결과 생후 6개월 된 아이를 돌보는 보호 지향적인 엄마는 아이가 불편해하거나 울 때, 아이가 불안한 감정을 스스로 지배하도록 도와주는 성향의 엄마보다 더 많이 아이를 안아줬다. 한 살이 되었을 때 서로 다른 성향의 엄마 밑에서 성장한 아이들은 현저히 다른 모습이 되었다. 보호적인 엄마는 더 관대했고 아이들이 위험한 행동—예를 들면, 삼킬 수 있는 물건을 입으로 가져가는 행동—을 했을 때, 단호하게 금지하지 못하고 모호한 태도를 취했다. 반면 반대 성향의 엄마는 공감하면서도 순종하도록 했고 명확한 경계를 지어줬으며 아이의 위험한 행동을 막는 직접적인 명령을 했다. 두 살이 되었을 때 이 아이들은 다양한 상황 앞에서 울음으로 모든 것을 해결하려 하지 않았다. 케이건은 다음과 같은 결론을 내렸다. '실패와 불안에 민감하게 반응하는 아이를 키우는 엄마는 아이가 두려움을 극복할 수 있도록 도와준다는 생각으로 더 보호적인 성향을 보인다. 그러나 아이러니하게도 엄마의 이런 행동은 오히려 아이의 불안을 가중시켜 의도와 반대의 결과를 낳는다'.

이런 예를 통해 우리는 교육적인 적용 방법을 생각해볼 수 있다. 한 가정에서 어떤 문제나 갈등, 두려움에 대해 보편적으로 말하는 어투나 분위기가 두려운 성향이 있는 아이, 또는 대범한 아이의 성격에 영향을 미친다는 것이다. 부모가 아이에게 자신의 두려움을 표현하는 빈도수와 아이가 느끼는 두려움의 강도는 상관 관계가 있다. 엄마의 보호와 방임에 관해 연구한 데이비드 M. 레비David M. Levy는 아이의 취약성과 두려움은 부모가 세상을 위험한 곳으로 치부하고 아이를 과잉 보호할 때 나타난다고 한다. 이 문제의 다른 면에 대해서 머피Murphy와 모리아티Moriarty는 유아기의 대응 및 유연성에 관한 종단 연구에서 다음과 같이 말했다. '취학 이전의 아이들에게 새로운 도전을 해낼 수 있다는 부모의 믿음은 매우 중요한 것으로, 두려움을 이길 수 없다는 느낌에서 비롯된 자신감 결여와 불안 해소에 큰 도움을 줄 수 있다'. 우리는 이미 균형 원칙을 알고 있다. 두려움이 줄거나 힘을 키우거나 둘 중 하나를 선택해야 한다. 나는 《두려움의 해부학》에서 내게 편지를 썼던 고위 장성에 관해 말한 바 있다.

나는 집에서 삶의 다양한 난관들에 어떻게 대응해야 할지 단 한 번도 배우지 못했다. 나의 조부모와 부모, 형제들은 '타조의 철학'을 실천하며 살았다. 그들은 행동을 필요로 하는 그 어떤 것도 알고 싶어 하지 않았다. 그들은 자신의 두려움에 약간의 무관심과 약간의 금욕주의를 섞어 위장했다. 그랬기 때문에 나는 사람들과 마주치며 불가피하게 갈등이 발생했을 때, 해소할 수 있는 '대본'을 배우지 못했다. 우리 집에서는 절대 문제들에 대해서 말하지 않았다. 절대 무언가를 요구하지도 않았다. 우리는 고독하게, 누구의 방문도 받지 않고, 친구도 없이, 가족 모임도 없이 살았다. 나는 어렸을 때 친구를 집으로 초대한 적도 없다. 사춘기 때는 더더욱 없었다. 중요한 것은 문제의 해결이 아니라 문제들이 일으킬 수 있는 두려움을 최대한 완화하는 것이었다. 어느 날, 아버지와 함께 집으로 돌아오는데 아버지가 말했다. "우리 다른 길로 가자. 저쪽에 나한테 돈을 빌려 가서 갚지 않은 사람이 걸어오고 있어. 그 사람 면상도 보기 싫다". 당시 아빠의 말은 어린 나에게 아주 논리적으로 들렸다. 하지만 정말 논리적인 것은 돈을 갚아야 하는 사람이 아빠와 마주치기를 꺼려 돌아가는 상황이라는 걸 깨닫기까지 많은 세월이 필요했다.

그의 말이 맞다. 우리는 유년 시절 동안 우리만의 대본을 습득해간다. 우리의 행동을 지휘하게 될 대본들을 말이다. 우리는 매 순간 즉흥적으로 해결책을 찾을 수 없다. 우리는 거의 자동으로 행동에 옮길 수 있는 해결책들을 저장해놓은 병기 창고가 필요하다. 그렇지 않으면 비행법도 모르고 비행기를 조종하는 비행사가 되고 마는 것이다. 그러나 우리가 배우는 어떤 대본들은 '회피의 대본'이어서 오히려 부정적이다. 여기서 우리는 두 번째 결과를 도출해낼 수 있다.

우리는 문제에 대처 방법을 일차적으로
가정에서 배우고, 가르친다.
부모는 이를 꼭 명심할 필요가 있다.

교육에서 부모의 역할이 얼마나 중요한지는 누구나 알고 있다. 그런데 이제는 심리학자나 심리 치료사까지도 부모의 중요성을 인정하여 가정 내에서 실천할 수 있는 가정 치료를 연구하고 있다.

다음 정거장, 용기의 발견

여기까지 내가 말한 내용이 핵심 문제를 비켜간 듯한 느낌이 들어 실망스러울 수도 있다. 당연히 우리는 모두 두려움 앞에 능동적이고 생산적인 대응 자세를 갖고 싶다. 만약 여러분이 사이코패스가 아니라면, 많은 것들에 두려움을 느낄 것이다. 우리는 모두 불편함을 완화하는 데 급급하지 않고 문제를 정면 돌파할 수 있는 용기를 가지고 싶다. 용기의 장점은 너무나 많다. 우리가 긍정적으로 문제에 대처했을 때 학교에서도 성공이 보장된다는 걸 안다. 그리피스Griffith와 듀보Dubow, 이폴리토Ippolito는 친구들 사이의 관계, 규율 문제, 그리고 학교 생활에 걸쳐 이런 행동의 유용성을 증명한 바 있다. 우리는 문제 회피적 전략이 더 큰 불균형을 초래할 수 있다는 것을 안다. 구체적으로 말하자면 우울증과 불안 같은 감정적 징후들과 상관이 있다. 그러나 이런 주장은 어떻게 보면 희생자의 죄책감만 증가시킬 수 있다. 소극적인 사람은 대담해지고 싶을 것이고 직장에서 괴롭힘을 당하는 사람은 더 적극적으로 자신에 문제를 대면하고 싶을 것이다. 즉 복종과 포기를 통해 문제를 해결하는 것이 아니라 자신이 주도하여 능동적이고 생산적으로 대응하고 싶을 것이다. 자신을 괴롭히는 친구들 때문에 자살을 선택한 '호아킨'이라는 소년이 있었다. 만약 우리가 호아킨에게 문제를 능동적이고 생산적으로 대처해야 한다고 말했다 하더라도 분명히 소년은 절망적인 눈빛으로 우리를 바라보았을 것이다. 우리는 지금부터 아주 강하고 신비스러운 영역, '용기의 영역'으로 들어가 볼 것이다.

용기공장

The Courage Factory

비록 2002년에 세상을 떠났지만 인터넷이라는 가상 세계에서 나는 지난 세기 가장 영향력 있는 심리학자로 손꼽히는 리처드 S. 라자로스 Richard S. Lazarus를 우리 공장에 초대할 수 있었다. 그는 자신의 저서 《스트레스와 인지 과정*Estrés y procesos cognitivos*》에서 coping(극복)에 관한 주제를 가장 심도 있게 연구한 심리학자였다. 리처드는 우리 모두에게 스트레스를 일으키는 상황과 경험에 대한 평가의 중요성과 그에 반응하는 방법에 대해 가르쳐주었다. 그의 저서를 기반으로 다양한 전략을 가르치기 위한 많은 프로젝트가 고안되었다. 그래서 나는 그를 우리 공장에 초대하고 싶었다.

그는 부인과 함께 《열정과 이성*Pasión y razón*》이라는 아름다운 책을 써서 우리에게 우리의 감정을 어떻게 하면 더 지능적으로 만들 수 있는지에 대해 설명한다. 나는 로렌스 E. 샤피로Lawrence E. Shapiro도 함께 초대했다. 왜냐하면 나는 감정 교육 전문가로서 그의 경험에 매우 관심이 많다. 온라인에서 심리학 및 교육적 클리닉을 설립하기 위해 새로운 기술들을 시도하고 있기 때문이다.

로렌스 샤피로 부모는 감정의 발전에 관해 정확한 정보를 가지고 있지 않아요. 언제 아이들이 혼자 먹기 시작하고 언제 책을 읽기 시작하는지는 알지만, 언제 아이들이 행동으로 보여주기 전에 자신들의 감정에 관해 말할 능력이 있는지는 정확하게 알지 못하죠. 언제 아이들은 자신의 분노를 조절할 수 있게 될까요? 언제부터 아이가 친구를 사귀지 못하는 것을 걱정해야 할까요? 어떤 것이 정상적인 두려움일까요?

저자 아이가 두려움과 소극적인 성향을 극복할 수 있게 하려면 부모는 어떤 도움을 주어야 하죠?

로렌스 샤피로 성인에게 적용하는 예방 기술은 아이들에게도 효과적입니다. 소극적인 아이도 부모가 그들의 과민증을 강화하지만 않으면 유전적 경향을 극복할 수 있어요. 어떤 아이들은 과도한 두려움을 느끼는 성향을 가지고 있죠. 중요한 것은, 설사 그것이 고통스럽더라도, 두려움에 항복하지 않는 것입니다. 아이가 원하는 대로 두어서는 안 됩니다. 아이에게 스스로 진정하는 법을 가르쳐야 합니다. 소아과 의사 윌리엄 새먼스William Sammons는 자신의 저서《스스로 침착해지는 아기The Self Camed Baby》에서 아기에게 침착해지는 방법을 가르쳐야 한다고 주장합니다. 그는 유용한 충고를 해주죠. 만약 아기가 울면, 바로 달려가 안아주지 말고 아기가 스스로 진정할 수 있는 다섯 번의 기회를 주라고 이야기합니다. ① 아기 주변에 아기를 불편하게 하는 이상한 점이 있는지 살펴보자. ② 1~2분 정도 기다리다가 몇 단어를 부드럽게 말해주자. ③ 아기의 시야 영역에 들어가라. 그러면 아이는 엄마 얼굴을 보고 안도감을 느낄 수 있다. ④ 다시 1~2분 기다리고 기저귀 상태를 살핀 후 바꿔줘야 되는지 확인하자. ⑤ 진정시킬 동안 몇 분 정도 안아주고 다시 아기가 좋아하는 자세로 침대에 눕히자. 두려움을 타는 아이를 도와줄 수 있는 최상의 충고는 바로 이것입니다. '아이의 요구에 반응하는 방법이 두려움에 끌려가지 않게 해라. 새로운 경험으로부터 아이를 보호하기보다는 새로운 경험을 제공해라'.

저자 두려움을 타는 아이를 위해 권장하는 방법들이 있는 것으로 압니다. 무엇이죠?

로렌스 샤피로 이성적으로 생각하기(왜 무서운가?), 원기를 회복하기, 긴장 풀기, 표현하기입니다. 풀어서 말하자면 지금 느끼는 두려움이 왜 비이성적인지 설명하기, 아이가 두려움을 느끼고 있다면 공감하며 도와주기, 긴장을 푸는 방법을 가르쳐주고 스트레스 상황을 상상하게 하며 부드럽게 순화하는 과정을 돕기 등입니다.

나는 초등학교 고학년을 대상으로 아이들의 감정 대응 능력을 개발시키기 위한 학교 프로젝트 'Brain Works'를 연구한 바 있다. 내가 'Brain Works'에 관심을 두게 된 이유는 UP 모델 프로그램에서 우리는 이 연령대에 큰 의미를 두기 때문이다. 중학교에 들어가기 전, 그러니까 사춘기에 접어들기 전에 꼭 해결해야 하는 문제들이 있다. 왜냐하면 그 나이에는 넘쳐나는 문제와 도전, 발달 과정에서의 어려움이 겹치기 때문이다. 소심함과 공격성이 가장 기본적인 것이다. 'Brain Works'는 2002년 캘리포니아에서 초등학교 4, 5학년을 대상으로 진행하며 시작된 프로젝트다. 1990년대 중반부터 위 프로젝트의 창시자인 로널드 브릴 Ronald Brill 교수는 슬픔과 분노를 대처하고 극복할 능력이 있는 사춘기 아이들이 어떤 능력을 갖췄는지 연구해왔다. 그는 연구 결과로 감정 건강을 제대로 지탱해주는 가장 중요한 두 개의 기둥인 감정 탄력성과 자존감을 강화하기 위한 예방 교육적 전략을 설명하는 《감정적 솔직함과 자기 수용Emotional Honesty & Self-acceptance》이라는 책을 발표했다. 교실 대응 능력 프로젝트 'Bran Works'는 바로 감정 탄력성과 자존감이라는 두 개의 기둥을 토대로 한다.

저자 당신은 대학생과 고등학생을 두루 가르친 경험이 있는데요. 언제 그리고 왜 더 어린 아이들에게 관심을 두게 되었죠?

로널드 브릴 나는 1990년대 중반 학교들에 발생한 일련의 폭력 사태들을 목격하면서 감정 건강의 예방적 교육에 대해 고민하기 시작했어요. 나는 도대체 무엇이 그들로 하여금 무고한 친구와 선생님, 그리고 자기 자신에게 총을 쏘게 했는지 이해하려 애썼죠. 콜럼바인과 스프링필드 고등학교에서 일어난 총기사건을 4년간 연구 조사한 후 폭력을 방지하기 위한 교육적 전략에 관해 첫 번째 책을 썼습니다.

저자 'Brain Works' 프로젝트를 만든 동기는 무엇이죠?

로날드 브릴 그것은 요즘 젊은이들이 감정을 조절하는 데 얼마나 큰 어려움을 겪고 있는지를 광범위한 차원에서 보여주기 위한 첫 번째 시도였죠. 그러나 그게 다가 아니었어요. 나는 학교 차원에서 무엇을 할 수 있는지 알고 싶었죠. 그래서 더욱 건강한 방식으로 자신들의 문제를 대면할 수 있는 전략을 사춘기 이전 아이들에게 가르칠 수 있는 학교 프로젝트를 개발하기 시작했습니다. 신경 과학은 슬픔, 스트레스 그리고 불안을 극복하기 위한 반응 원형들이 우리 뇌에서 어떻게 조직화되는지 이해할 수 있게 도와주고 있죠. 자의식이 높아지면서 현실에 적응하려는 걱정이 시작되는 사춘기 이전 시기가 우리 아이들에게 쉽게 접근하여 뇌에 관한 연구를 할 수 있는 때입니다. 그래서 뇌 과학을 토대로 한 학습 프로그램을 수업시간에 3교시에 걸쳐 가르칠 수 있었죠. 다양한 학교에서 총 700명의 학생들이 수업을 들었습니다.

저자 다음 질문은 필연적인 것입니다. 프로그램이 효과가 있었나요?

로날드 브릴 내 학습 프로그램을 들은 전후의 대응 능력에 대한 학생들의 자체 평가를 보면, 학생들은 학교에 뇌를 기반으로 한 학습 프로그램과 감정 대응 전략의 도입이 필요하며 충분히 그럴 만한 가치가 있다고 말했어요. 두려움 또는 슬픔에 대처하는 우리의 일부 전략들은 선천적이며 자동적입니다. 그러나 우리의 우월한 사고 능력을 제대로 사용하면 더 원초적인 우리 뇌의 감정 반응까지 조절하고 더욱 더 건강한 행동 방법을 선택할 능력까지 배울 수 있어요. 우리가 가정이나 학교에서 꼭 가르쳐야 할 중요한 핵심 사항입니다.

스트레스는 우리가 생각하기 전부터 시작한다. 우리 프로젝트를 실행하기에 앞서 학생들을 대상으로 한 자체 평가를 살펴보면 초등학교 고학년 학생들 대부분이 슬픔과 분노, 스트레스에 대처하는 데 어려움을 겪고 있었다. 아이들은 긴장감과 일상 문제들을 극복하는 법을 배울 필요가 있었다. 지금처럼 지나치게 앞서가는 교육은 지속적인 스트레스에 노출시켜 아이들을 부정적인 행동과 학습 곤란과 같은 문제에 빠지게 할 수도 있다.

연구에 따르면 뇌를 토대로 한 대응 능력 학습이 효과적이라는 걸 확인할 수 있다. 3시간 이내의 짧은 시간이지만 프로젝트에 참여한 아이들을 대상으로 실행한 자체평가를 보면 프로젝트를 통해 뇌의 기능에 대한 인식이 높아졌다고 한다. 자연스럽게 스트레스를 유발하는 상황에 더 잘 반응할 방법을 이해하게 해줬다.

교실은 이런 경험적 학습을 하기에 이상적인 곳이다. 행동하며 배우는 것은 학생들에게 안정감을 느끼게 하며 대응 능력을 향상시켜준다. 또한 자신보다 뛰어난 능력을 갖춘 친구들을 보며 배울 수도 있다. 한 교실에는 다양한 대응 능력을 갖춘 학생들이 함께 공부하기 때문이다. 모든 아이들은 자신이 통제할 줄 모르는 상황이 있다는 사실을 받아들이기 힘들어 한다. 그러나 우리 뇌가 어떻게 보편적인 감정과 문제점들에 대처하는지 배우면서, 감정적 대응 능력은 누구든지 배워서 사용할 수 있는 능력이라는 것을 알게 된다.

우리가 학생들에게 제공하는 것은 아이들이 자신의 정체성과 사회에 어떻게 적응할까 고민을 시작할 무렵에 맞춰진다. 이 프로그램은 인체를 배우는 과학 시간의 일부로 소개되어 진행되며 수업을 통해 학생들은 실질적인 관찰을 하게 된다. 이 프로그램의 핵심 목적은 우리가 과연 사춘기 이전의 학생들에게 가까운 미래에 겪게 될 스트레스를 유발하는 경험과 감당하기 어려운 감정들의 눈사태 앞에서 방향을 잃고 쓰러지지 않게 하는 것이다.

대응 전략은 학습 능력을 향상시킨다. 최근의 뇌 과학 연구들은 긴 시간 높은 수준의 스트레스를 받아온 뇌는 집중과 기억, 학습 기능이 떨어진다고 증명하고 있다. 스트레스와 학습 능력은 관계가 있으며 스트레스 상황에 잘 대응할 수 있는 능력이 있다면 학습 능력도 향상될 것이다. 스트레스 대응 능력은 다른 사람으로부터 배울 수 있다. 우리는 선천적으로 두려움이나 고통스러운 경험에 잘 대처할 수 있는 능력을 타고나지 않았다. 좋든 싫든 관찰을 통한 학습은 우리가 두렵거나 고통스러운 상황에 대처할 때 도움을 준다. 아이들이 성장하면서 학습된 반응 방법은, 부정적일 수도 있고 건전할 수도 있다. 그리고 이미 습관이 되어 있을 수 있다.

용기는
배울 수 있다

용기는 미덕이 아니라
성난 미친 사람과 위대한 사람들이
가지고 있는 평범한 자질이다.

_볼테르Voltaire

아홉 살 소년 링하오는 강력한 지진이 강타한
학교에서 두 명의 반 친구를 구출했다.
"어떻게 그렇게 위험한 순간에 교실로 다시 들어갈 수 있었니?"
라는 질문을 받자 그는 대답했다.
"그날 제가 학급 도우미였어요. 다른 친구들을 돌볼 의무가 있었
거든요".

우리는 지금까지 두려움에 관해 이야기했다. 두려움은 어떻게 학습되고, 어떻게 하면 그 힘든 두려움의 굴레로부터 해방될 수 있는지, 또 어떻게 두려움에 대처하면 좋은지에 대해 말했다. 인간도 동물과 같이 똑같은 방법으로 두려움에 대처한다. 도망가거나 공격하거나 움직이지 않거나 복종하면서 말이다. 그러나 인간의 지능은 거기서 끝나지 않는다. 동물과 많은 기능을 공유하지만 인간은 고유한 프로젝트를 수립해 그 기능을 지휘할 수 있다. 우리는 자극의 지배를 받는 주의를 소유하고 있다. 그것은 "무의식적 주의"라고 한다. 만약 큰 소리를 들으면 우리는 자동으로 주의를 기울이게 된다. 만약 아프거나 위험 상황이 발생하거나 예상치 못한 일이 벌어졌을 때도 자동으로 주의를 기울인다. 그러나 우리는 의식적으로도 주의를 지휘할 수 있다. 우리가 원하는 대상에 적용하고 거기서 우리가 원하는 정보를 찾는 것이다. 이것은 우리 집행적 지능이 지휘하는 것으로, 매우 인간적인 특징이다. 마찬가지로 보는 사람의 시선도 어떤 프로젝트 아래 있느냐에 따라 변형될 수 있다. 화가는 우리가 모두 보는 보편적인 사물에서 그림의 소재에 대한 지각적 가능성을 본다. 드가는 말했다. "그림은 사물의 형태가 아니라 형태를 보는 방법이다". 그리고 레오나르도 다 빈치도 이와 비슷한 말을 했다. "그림 그리기의 비밀은 각 대상 전체에 주도적으로 요동치며 흐르는 특별한 선을 발견하는 것이다. 그 선은 중심 파도가 되어 표면에서 요동치며 사물 전체를 감싼다". 동물도 기억력을 사용하지만 오직 인간만이 원하는 것을 배울 수 있다. 마찬가지로 감정에 대해서도 동물과 다른 인간만의 방식이 있다. 두려움에 대처하는 가장 인간적인 방법은 '용기'다. 용기는 두려움을 극복할 수 있는 능력이다. 즉, 감정의 강력한 에너지에 휘말리지 않기 위해 부단한 노력을 기울이는 것이며 단지 느낌뿐만 아니라 신중히 생각한 가치들에 따라 움직일 수 있는 능력이다. 내가 볼 때 용기는 우리 자유의 근원이기에 이것이야말로 인간과 동물을 구분시켜주는 가장 근본적인 차이라고 할 수 있다.

나는 목이 마를 때 경험상 물이 나의 목마름을 해결해준다는 걸 알기에 물의 가치를 안다. 만약 신장질환 전문의가 내게 물을 별로 마시고 싶지 않아도 매일 물을 5리터씩 마시라고 한다면 나는 내 건강에 그렇게 하는 게 좋다는 걸 사고함으로써 안다. 이 경우 나는 물의 가치를 "경험으로" 알고 있는 것이 아니라 "생각으로" 안다. 자유를 우리가 느낀 가치로 보느냐 또는 생각한 가치로 보느냐에 따라 우리 행동의 방향이 달라질 가능성이 높다. 우리는 모두 난관에 부딪히면 도망가고 싶어 한다. 그러나 우리는 그런 상황에서 도망가지 않은 사람을 존경한다. 우리는 우리를 위해 가치 있는 행동을 하는 누군가에게 의존한다. 우리를 엄마에게 의존하며, 우리를 교육시키기 위해 고군분투하는 아빠에게 의존하며, 정의를 위해 투쟁한 사람들에게 의존한다. 왜냐하면, 우리는 그들이 우리를 위해 정복한 권리를 누리며 살고 있기 때문이다. 당신이 근시안적인 사람이 아니라면 감사해야 할 사람들의 리스트는 끝도 없을 것이다.

의식적으로 주의를 기울이고 바라보고 배우는 것과 마찬가지로 우리 아이들에게 감정을 지휘하는 방법을 가르쳐야 한다. 우리는 이제 집행적 지능의 영역 안에 들어왔다. 집행적 지능은 목적을 선택하고, 노력을 유지하고, 감정을 처리하고 필요시 변화를 명령하고, 우리의 행동을 평가하는 임무를 수행한다. 만약 집행적 지능이 손상되면 우리는 폭력이나 무감각의 나락에 떨어질 수밖에 없다. 집행적 지능은 감정적으로 경험한 가치뿐만 아니라 사고한 가치에 따라 움직인다. 이는 집행적 지능의 임무를 더 복잡하게 한다. 왜냐하면 감정은 생각보다 더 많은 에너지를 가지고 있기 때문이다. 다행히도 생각은 더 지능적이며 감정을 죽이지 않은 채 지난 수천 년 동안 감정을 조절해왔다. 앞서 용기 공장 1층에서 만났던 안토니오 다마지오는 이성은 행동하기 위해 감정을 필요로 한다는 걸 발견했다. 우연히 또는 외과 수술로 전두엽을 감정 영역과 연결하는 신경세포 통로가 절단되면, 환자들은 이성적인 판단은 할 수 있으나 결정은 내릴 수 없는 상태가 된다. 감정의 결여는 끝도 없는 이성적 논리라는 형벌을 내린다.

집행적 지능의 기능을 알아채기는 쉽다. 마라톤을 하고 싶다고 상상해보자. 나는 마라톤이라는 목적을 선택했다. 그러나 내가 적절한 신체적 조건을 갖고 있지 못해서 마라톤에 적당하지 않을 수도 있다. 마라톤에 필요한 근육이 모자랄 수도 있다. 그러면 나는 의식적으로 지루함과 피곤함과 싸우면서 훈련하기 시작한다. 연습을 거듭할수록 근육은 점점 더 강해지고 나는 덜 피곤하며 발전하고 있음을 느끼게 된다. 이런 상황은 내게 더 많은 동기를 유발해서 결국 달리는 습관을 지니게 되고, 달리는 것은 나에게 하나의 필요성으로 자리 잡게 된다. 이제 나는 의식적으로 계속 달리기 연습이 필요하다고 주지할 필요가 없다. 왜냐하면 이미 습관이 된 달리기가 나를 인도하기 때문이다. 처음의 저항은 '장애물에도 불구하고 참고 이겨내는 인내'를 의미했다. 그러나 결국에는 '부단한 노력을 쉽게 유지하는 능력'을 뜻하게 된다. 더 많은 예가 있다. 어떤 사춘기 아이가 한 무리로부터 괴롭힘을 당해 두려움을 가지고 있다고 치자. 그 아이는 쉽게 물러섰다. 그러던 어느 날 더는 그러지 않기로 한다. 자신을 지키기로 선택한 것이다. 용감하게 사는 것, 두려움에 적극적으로 대응하기로 결심한 것이다. 구석으로 도망치는 것을 이제 그만하기로 한 것이다. 물론 그러기 위해서는 마라톤에 필요한 지구력을 얻기 위해 훈련하듯이 자신을 강화시켜야 한다. 그리고 훈련이 제대로 기능을 발휘하도록 자신을 지휘해야 한다.

우리는 인류 역사 이래 가장 관심을 기울여온 주제에 대해 말하고 있다. 그것은 바로 두려움의 극복, 용기, 용맹함으로 효율적이고 창조적이며 반항적으로 눈앞에 닥친 두려움과 위험을 대처하는 것이다. 철학의 여명기에 플라톤은 두 가지 질문에 답하기 위해서 〈라케스Laches〉편을 썼다. 용기란 무엇인가? 용기는 학습할 수 있는가? 우리가 계속 다루어온 질문이다. 우리는 오래전부터 지속해온 걱정거리를 다시 다루고 있는 셈이다. 플라톤의 논쟁에 참여한 한 장군은 "전쟁에서 위험을 무릅쓰고 목숨을 바치는 것"이 용기라고 말한다. 설문조사를 해보면 우리도 거의 비슷한 대답을 한다. 용기에 관해 말할 때, 우리는 다른 사람을 구하기 위해 목숨을 바치거나 위험한 모험을 하는 사람을 떠올린다. 그러나 소크라테스는 그런 용기보다는 일상적인 용기에 더 관심이 많았다. 노력을 지속하고 피곤함과 질병, 실망감, 실패를 극복할 수 있는 용기 말이다. 그는 전혀 호전적이지 않은 특정 용기에 대해 언급하며 대화를 끝낸다. 그것은 진실을 찾기 위해 끊임없이 인내하고 참는 것이다. 몇 세기 후 성 암브로시우스San Ambrosio는 "전쟁적 용기"와 "가정적 용기"에 대해 말했다. 미학적인 일본의 전통시 하이쿠는 두 가지 용기의 아름다운 관계를 읊는다. "용감한 자는 집에서 부드럽고 사려 깊다. 적과 싸우러 나갈 때만 사나운 얼굴을 한다". 수족(북미 인디언의 한 부족)의 족장 카바요 그란데는 용기의 개념을 더 확장했다. "용감한 전사는 눈보라를 헤쳐나갈 용기가 있는 사람이다". 앞의 글은 생텍쥐페리가 쓴

글을 생각나게 한다. 생텍쥐페리의 동료 비행사가 안데스산맥에서 사고를 당했다. 모든 사람이 얼어붙은 안데스산맥을 횡단하지 못하고 동료가 죽었을 거라고 믿었다. 그러나 생텍쥐베리의 동료는 살아 돌아왔다. 병문안 갔을 때 그의 동료는 자랑스럽게 말한다. "내가 한 일은 어떤 동물도 견디지 못할 만한 거였어". 용기는 어려움에 당당히 맞서는 것이다. 이것이 우리가 주목하는 부분이다. 무언가에 맞서는 것이 영웅적인 행동은 아니지만 꽤 큰 용기가 필요하다. 아이가 어둠을 대면하고, 버림받을 것 같은 두려움, 학교에 대한 두려움, 생일파티에 나만 초대받지 못할 것 같은 두려움, 같은 반 악동의 괴롭힘에 대한 두려움을 극복하는 것은 커다란 도전이다. 피터 무리스Peter Muris는 아이들에게 어떤 특정 경우에 용기 있게 행동한 적이 있는지 물었다. 94퍼센트의 아이들은 그렇다고 대답했다. 그중에서 30퍼센트는 신체적 활동과 관련된 용기 있는 행동을 언급했는데, 그중 12퍼센트는 두려움을 느끼는 동물에게 다가갔다고 했고 나머지 8퍼센트는 어둠에 대한 두려움을 극복했다고 말했다.

두려움을 느끼지만 극복하는 것이 용기

용기는 두려움과 관련이 있다. 그러나 내가 앞서 말한 바와 같이 두려움을 느끼지 않는 것이 용감한 것은 아니다. 위험한 일을 하는 사람들—소방관, 암벽 등반가, 전투 부대원 폭발물 제거반—은 겁이 많은 동료와 함께 일하고 싶어 하지 않는다. 미국에서는 높은 곳에서 일하기를 즐기는 모호크족이 보여준 대담함을 주목한 적이 있다. 그런데 이 부족은 두려움을 느끼지 않는 사람과는 높은 곳에서 함께 일하고 싶지 않다고 했다. 즉 모호크족은 대담함보다는 용기를 더 가치 있게 여겼다. 그리고 학자들은 다른 중요한 면을 발견했다. 모호크족은 혼자가 아니라 그룹으로 일하기를 원했는데 그룹 간의 단결이 그들에게 용기를 북돋워주었기 때문이다.

우리는 문제가 두려움 그 자체가 아니라 과장되며, 해롭고 병적이기까지 한 두려움이라는 것을 잘 안다. 그리고 우리의 계획을 훼방 놓는 두려움들을 어떻게 하면 극복할 수 있는지 그 방법을 찾아내는 것이다. 미국의 대공황 시기에 대통령에 선출된 프랭클린 D. 루스벨트Franklin Delano Roosevelt는 취임식 연설에서, 이후 수천 번도 넘게 인용된 유명한 말을 남긴다. "우리가 두려워야 할 유일한 것은 바로 두려움 그 자체입니다The Only thing we have to fear is fear itself". 루스벨트 대통령은 회피가 아니라 발전하는 데 필요한 노력을 마비시키는 비이성적이며 근거 없는 두려움을 언급하며 설명했다. 우리는 우리에게 어떤 이득도 주지 않고 불편함만을 초래하는 이러한 종류의 두려움을 제거하기 위해 노력해야 한다. 몽테뉴는 "두려움은 두려움일뿐"이라는 표현을 한 사람이지만 묘하게도 두려움에 떨며 살았던 사람이다. 그는 다음과 같이 썼다. "소심함은 내 인생의 큰 재앙이다". "두려워하다"라는 말은 무엇을 의미하는 것일까? 두려움의 친척은 참을 수 없는 경험이다. 그리고 그러한 특성 때문에 용기의 목적은 두려움이 일으킨 모든 것에 대항해 의연한 태도를 유지하는 것이다. 그리고 또 한 가지 말할 수 있는 것은 두려움의 원인이 되는 위험 자체가 아니라 바로 두려움에서 벗어나야 한다는 것이다.

우리가 내린 '용기'의 정의

모든 문화권에서 용기를 숭고한 가치로 여겨왔다. 이와 같은 만장일치는 호기심을 자극한다. 사회를 유지하는 데 있어서 가장 중요한 요소는 개인보다는 전체를 위해서 일정한 행동을 할 수 있는 누군가를 확보하는 것이다. 긴급 상황이 발생했을 때 누군가는 도망가지 않고 그 자리를 지켜야 한다. 용기는 우리가 지금까지 보아온 것처럼 "험하고 힘든 일"과 관련되어 있다. 바로 포기하는 사람은 겁쟁이고 그런 사람은 신뢰할 수 없다. 블라디미르 얀켈레비치Vladimir Jankelevitch는 "두려움은 거짓말과 마찬가지로 쉬운 길로 가고 싶은 유혹"이라고 했다. 도전하는 사람은 용감하다. 요즘처럼 도전 정신을 강조하는 시대에 용기는 무언가를 시도할 수 있는 기본적인 가치다. 당연히 인내심을 필요로 한다. 이러한 이유로 모든 문화에서 용기를 중요한 윤리적 가치로 여겨왔다. 용기는 행동과 연결되어 있다. 즉 게으름이나 두려움 때문에 가치 있는 그 무언가를 절대 포기하지 않는다는 의미다. 니체는 자문했다. "선이란 무엇인가?" 그리고 대답했다. "용기는 선한 것이다". 용기는 또한 자주성과 자유의 조건이기도 하다. 만약 자신을 포함해 아이에게 자주성과 자유를 교육하고 싶다면 용기 교육을 진지하게 받아들여야 할 것이다. 올리버 골드스미스가 "세상에서 역경을 헤쳐 나가기 위해 투쟁하는 사람만큼 감동적이고 아름다운 사람은 없다"고 말한 것에서 알 수 있듯이 용기는 숭고한 가치다.

이제 우리는 용기의 정의에 한 발자국 더 나아갈 수 있게 되었다. 용감한 사람은 고난이나 수고로움, 두려움 때문에 정당하고 가치 있는 행동을 주저하지 않으며 중간에 힘들다고 목적을 포기하지 않는다. 재능이나 자유와 마찬가지로 용기는 행동으로만 표현될 수 있다.

앞 장에 이미 충분히 설명하였기에, 이제 우리는 용기를 획득하기 위한 여행 일정표로 용기 방정식을 쓸 수 있다.

$$용기 = \frac{개인적\ 강인함}{두려움}$$

이 방정식은 내가 위에서 언급한 '상보성 원리complementarity principle'를 반영한다. 결과는 쉽게 도출된다. 한 사람이 더 많은 용기를 가지려면 강인함을 키우거나 두려움을 줄이거나 두 가지를 동시에 해야 한다. 나는 "강인함fortitude"이라는 단어를 계속 사용하고 있는데 이것은 단순히 철학에서 오랫동안 전통적으로 사용해온 어휘라서가 아니라 이 단어가 심리학에서 혼란스럽게 사용하는 많은 개념을 통합할 수 있기 때문이다. 나는 용기와 관련된 개념들을 말해보겠다. 그리고 괄호 안에 그러한 개념의 주요 옹호자들의 이름도 덧붙이겠다. 주도적 태도(쿨과 코베이), 적극적인 대응(라자로스), 좌절에 대한 탄력성(플루스), 보상 심리 이동 능력(미셸), 단호함(덕워스), 인내심(아이젠버그, 카롱), 저항력hardiness(매디), 단단함toughness(로허), 자신에 대한 신뢰(팡제), 낙관주의(셀리그먼), 정신적 에너지(바우마이스터), 회복 탄력성(시뤼닉, 셀리그먼, 브룩스), 집행적 느낌(반투라), 행동 제어(케이건), 자기조절(바우마이스터). 피터슨과 셀리그먼은 개정판에서 성실함(진정성, 솔직함)과 생명력(활기, 열정, 에너지)을 덧붙인다. 만약 여러분이 이런 개념의 파도에 난파되지 않는다면 우리는 계속 앞으로 나아갈 수 있다. 내가 설정한 UP 모델의 목표 중 하나는 심리학의 넘쳐나는 개념들을 통일하고 단순화하는 것이다. 나는 넘쳐흐르는 개념 파티에 도전장을 내민다.

용기는 배울 수 있을까

용기를 배우거나 가르칠 수 있다는 생각이 천진난만한 착각일까? 만약 그렇다면 이것은 보편적이며 지속적인 인류의 천진난만한 착각인 셈이다. 왜냐하면 모든 문화권의 나라들이 지금까지 줄곧 그렇게 생각해왔기 때문이다. 플라톤, 아리스토텔레스, 스토아학파 철학자들, 그리고 모든 그리스의 전통 교육자들이 관심을 가졌던 주제였기 때문이다. 스파르타에서는 용기가 자신들 문화의 중심이라고 생각했고 이전 시대부터 남자는 물론 여자들에게도 용기를 교육시켜야 한다고 생각했다. 아리스토텔레스부터 현재에 이르기까지의 도덕주의적 철학자들은 '강인함'이 기본적인 윤리적 가치라고 생각했다. 일본인들은 무사도 정신을 중요한 가치로 생각했다. 중국에서는 맹자가 선과 진정한 자존감과 연관지어 용기 철학에 대해 말했다. 아이슬러Eisler는 유대 사상에서 용기는 '불의와 대항해 싸우는 힘'이라고 말했다. 위대한 신학자 틸리히Paul J. Tillich는 《존재의 용기》라는 제목의 책을 쓰기도 했다.

내가 이전에 명시한 방정식은 우리에게 교육 일정표를 작성할 수 있게 해준다. 강인함은 물론 두려움도 습관이다. 즉 경험을 해석하고 경험에 반응하며 습득된 안정적인 기준인 것이다. 바로 그래서 가르칠 수 있다. 복종을 가르치는 교육이 있고 자율성을 가르치는 교육이 있다. 마찬가지로 두려움을 가르치는 교육과 용기를 가르치는 교육이 있다.

여기서 잠깐 아리스토텔레스의 글을 보자.

어떤 사람들은 인간이 천성적으로(현대에는 천성적이라는 말 대신 유전적으로라고 말할 것이다) 선해질 수 있다고 믿는다. 그리고 어떤 사람들은 습관과 학습을 통해 선해질 수 있다고 말한다. 일단 유전적인 측면에서는 우리가 할 수 있는 게 없음이 분명해진다. 이성과 배움은 어쩌면 모든 경우에 힘을 얻을 수는 없는 것 같다. 적절하게 사랑하고 증오하는 습관을 이전부터 배양해온 사람들의 영혼에게만 효과를 발휘할지도 모른다. (EN, 1179 b)

습관이 모여 성격을 형성한다. 즉 학습된 개성이 형성되는 것이다. 우리가 교육적으로 관심 있는 것은 우리의 학생과 아이들이 적극적으로 자신들의 두려움에 대항할 수 있는 용감한 성격을 습득하는 것이다. 많은 위험이 도사리는 것이 현실이다. 그러므로 우리는 절대 두려움을 피할 수는 없다. 그러나 용기는 두려움이 우리를 억누르지 못하게 도와줄 수 있다. 나는 이미 언급한 바 있는 예를 하나 들어보겠다. 한 소년이 학교에서 한 무리에게 괴롭힘을 당하고 있다. 그들은 소년보다 훨씬 강하고 더 잔인하다. 이 경우 용기를 어떻게 표출해야 할까?

강인함을 증가시키고 두려움을 줄이자

용기는 적극적인 대응 스타일이다. 두려움이 많은 사람은 반응적으로 사는 경향이 있다. 현대 교육학자들은 이 부분에 점점 더 많은 가중치를 부여했다. 독일학자 쿨Kuhl은 수동적인 태도와 우울증 간의 관계, 주의력 조절과 노력에 대한 저항성 간의 관계를 연구했다. 코베이Covey는 용기가 나머지 효율적인 습관을 발전시키기 위한 열쇠라고 생각했다. 캐나다 학자 가니에Gagne는 취학 이전부터 문제를 풀고, 주도권을 잡는 프로젝트 지향적인 교육의 장려를 제안한다. 요즘 "기업가 정신"이라는 말이 유행이다. 프랑스에서는 젊은이들에게 교육적 방법의 하나로 개인 프로젝트의 작성을 권고한다. 길버트Gilbert는 상반되는 두 종류의 사람들을 분류한다. 하나는, "행동하지 마, 그냥 한탄만 해" 타입이고 또 하나는 "한탄만 하지 말고, 행동으로 옮겨"이다. 후자는 순향적인proactive 사람이다. 다시 한 번 반복하겠다. 처음에는 의식적인 노력을 통해 유지한 태도가 결국에는 습관처럼 나만의 반응 스타일로 변화하게 된다. 반응적 태도로 굳어지는 과정처럼 말이다. 아래의 차이를 살펴보자.

반응적인 사람	순향적인 사람
시도하겠다	하겠다
나는 원래 이래	더 잘할 수 있다
아무것도 할 수 없다	가능성을 살펴보겠다
나를 하게 만들었다	내가 선택했다
출구가 없다	해결책이 있을 것이다
네가 망쳤다	네가 기분 나쁘다고 해서 나까지 영향받게 하지 않겠다

    용기, 적극적인 태도, '용감해지고 싶다'는 결심을 강화하기 위해서는 용기 방정식의 두 개의 인자factor를 행동으로 옮겨야 한다. 첫 번째는 두려움 생성을 줄이는 것이고 두 번째는 강인함을 증가시키는 것이다.

카를로스는 깜짝깜짝 잘 놀라는 아이다. 다섯 살인 카를로스는 항상 엄마 곁에 붙어 있다. 학교에 가면서부터 문제가 시작됐지만 조금씩 좋아졌다. 그런데 지금은 수영장 물을 무서워한다. 〈죠스〉라는 영화를 본 뒤로 물속에서 갑자기 상어가 튀어나올까봐 두려워한다. 게다가 수영장 개수구에 어떤 아이가 끼어 죽었다는 뉴스를 듣고 나서부터 더 심해졌다. 만약 카를로스가 '용감하게' 행동하기를 바란다면, 우리는 그의 두려움을 줄여줘야 한다. 즉 그의 스키마를 바꾸고 강인함을 증대시켜야 한다. 종종 양쪽은 혼합되어야 한다. 강인함이 커지면(수영을 잘 배우면), 두려움은 줄어든다. 그러나 마찬가지로 상어들에 대한 아이의 믿음을(수영장에서 상어가 나타난다는 것은 상상에서나 가능한 일이라는 것과 자신의 수영 실력을 믿게 하는 것) 바꾸면서 두려움을 줄일 수도 있다. 단순히 수영을 더 잘하게 된다고 두려움이 줄어드는 것은 아니다. 그것으로는 충분하지 않다. 아이가 자신의 경쟁력을 의식할 필요가 있다. 한 가지는 우리가 할 수 있는 일이고 다른 또 한 가지는 우리가 할 수 있다고 믿는 것이다. 후자의 믿음은 우리의 두려움 스키마의 일부를 형성하는 것이다. 카를로스의 경우 영화 〈죠스〉로 비롯한 두려움의 회로가 물과 연결되었다. 그 연결 고리를 부숴야 한다. 양쪽 전략을 좀 더 깊이 연구해보자.

우리가 앞에서 확인한 것처럼, 강인함은 복합적인 미덕—성격적 경쟁력—이다. 나는 강인함의 특징 중 하나인 주의력 조절을 언급한 바 있다. 그러나 우리는 더 깊이 있게 연구해야 한다.

교육적 효과를 위해 나는 그 특징을 다양한 과정으로 분해했다. 왜냐하면 각각의 특징은 독립적으로 훈련하고 평가할 수 있기 때문이다. 이런 복합성은 고대 작가들도 익히 알았다. 엘로이사의 연인이기도 했던 위대한 사색가, 피에르 아벨라르Pierre Abélard 는 자신의 책《신학 입문》에서 강인함의 폭넓은 영역을 보여주며 멋지게 묘사한 바 있다.

> 강인함은 역경의 습격을 무찌르는 영혼의 잠재력이기에, 역경을 극복하는 데 필요한 모든 미덕은 강인함의 일부다. 강인함을 구성하는 요소는 담대함, 자신감, 확신, 장엄함, 인내, 건실함이다. 담대함은 자발적으로 어려운 일에 도전하는 것이다. 자신감은 도전한 일을 끝까지 잘 해낼 것이라는 희망이다. 확신은 도전한 일에 필연적으로 수반되는 괴로운 일들을 두려워하여 우리를 주저하게 하는 마음을 제거하는 미덕이다. 장엄함은 어렵고 특별한 일을 이행하게 하는 영혼의 힘이다. 인내는 견고하고 끈기 있는 영혼의 안정이다. 건실함은 번영의 도취에 휩쓸리지 않고 뜻밖의 힘든 일을 당했을 때와 마찬가지로 참을 줄 아는 영혼의 유연성이다. 또한, 강인함의 다른 부분들로 겸손함과 참을성이 있다.

나는 독자들이 교육 모델에 변화가 있어야 한다는 걸 깨닫기 바란다. 대니얼 골먼은 모든 사람에게 지능 지수IQ가 삶을 헤쳐나가는 우리 능력의 척도가 아니라고 설득했다. 그는 감성 지

수EQ를 제안했다. 이제 우리는 감정 지수도 충분하지 않다는 걸
안다. 위의 두 가지를 보완하기 위해 우리는 우리의 집행 지수를
재야 한다.

용기공장

The Courage Factory

—

용기공장 3층은 지금까지와 좀 다르다. 사무실이 없고 네 개의 커다란 홀만 있다. 하나는 체육관, 하나는 휴식 공간, 하나는 명상 장소 그리고 나머지 하나는 극장이다. 두려움을 위한 학원에 왜 이런 공간들이 있는지 궁금한가? 왜냐하면 이런 공간들이 바로 용기 훈련과 저항력, 적극적인 태도, 도전을 장려하는 데 매우 적절한 활동들을 할 수 있게 해주기 때문이다.

존 코츠John Coates는 그의 저서 《위험감수의 생물학》에서 우리가 신체적 강인함보다 정신적 강인함을 잘 모른다고 말한다. 그는 말한다. "정신적 강인함은 새로운 사건들 앞에서 우리가 취하는 특정 태도를 의미한다. 경험이 많은 사람은 새로운 일은 하나의 도전으로 침착하게 받아들인다. 그는 새로운 일에서 이익을 획득할 기회를 본다. 경험이 없는 사람은 새로운 일을 하나의 위협으로 간주하며 거기서 가능성보다는 잠재된 위험성을 본다. 각각의 태도는 특유의 생물학적 상태에 의해 좌우된다".

저자 정신적 지구력은 훈련될 수 있나요? 온전히 물리적인 훈련 체계를 감정적 안정, 정신적 지구력 그리고 인식 효율 향상에 적용할 수 있나요?

존 코츠 많은 과학자들이 가능하다고 생각합니다. 그 근거로 묘한 발견을 들 수 있습니다. 스트레스에 대한 지구력은 스트레스의 원인을 제공하는 경험을 통해서 생깁니다. 행동 약리학의 대부로, 행동 치료가 우리의 뇌를 바꿀 수 있다고 생각한 닐 밀러Neal Miller는 뇌에서 분비되는 호르몬 코르티솔cortisol 수용체를 발견했고 그의 팀은 뇌와 신체 간의 호르몬 피드백 루프를 발견했습니다. 쥐들은 고질적인 스트레스에 노출되었을 때 병에 걸리거나 뇌의 낮은 노르아드레날린 수치의 결과로 무기력감에 빠졌습니다. 반면 쥐들이 스트레스에 짧은 기간 노출되었을 때는 비록 그것이 계속 반복되더라도 매 경험 후에 생물학적으로 강인해졌고 미래의 스트레스로 인한 부정적 영향에 더 큰 면역력을 가지게 되었습니다.

저자 그럼 일종의 훈련인 셈이네요.

존 코츠 맞습니다. 운동선수들이 하는 훈련과 비슷하다고 할 수 있습니다. 육체적 고갈과 회복을 거치면서 육상선수의 체내에서 광범위한 세포의 스펙트럼이 생산·확장되었습니다. 그렇게 해서 대회 당일에 운동선수의 동맥에 최상의 혈당, 헤모글로빈, 아드레날린, 코르티솔 그리고 테스토스테론이 순환하게 되는 것입니다. 정신력 강화를 통해 같은 상황을 만들 수 있습니다. 우리도 우리의 생리학을 더욱 내구성 있게 할 수 있을까요? 답은 '그렇다'입니다. 강력하고 짧은 스트레스들을 활용하면서 말입니다. 어떻게 할 수 있냐고요? 바로 훈련입니다. 아민Amine의 분비가 증대되면 스트레스로부터 우리를 보호할 수 있게 됩니다.

저자 흥미로운 사실은 지금 우리가 정신적 훈련에 대해 말하고 있다는 것인데, 동시에 육체적 훈련도 마찬가지군요. 적절하게 조제된 스트레스는 우리 뇌의 훌륭한 자극제이며 강력한 항우울증제 역할을 하는 셈이네요. 그래서 우리는 아이와 청소년들의 학습 계획을 짤 때 신체적 훈련에 더 많은 비중을 두어야 하는군요.

두 번째 강당은 조용하고 평온하다. 이곳은 긴장 이완을 위한 곳이다. 수세기 전부터 사람들은 집중력 즉, 주의력을 지휘할 줄 알면 매우 강력한 생물학적 결과를 만들어낼 수 있다는 것을 알았다. 집중력을 통해 자기 통제를 향상시킬 수 있다. 데이비스S. Davis, 맥케이M. McKay 그리고 에쉘먼E. R. Eshelman의 책을 보면 가장 간단한 방법들이 묘사되어 있다. 그 책은 《감정 자기 제어 기술Tecnicas de autocontrol emocional》이다. 가장 많이 알려진 것들은 단계적 이완, 호흡 조절, 명상, 자기최면이다. 최근 몇 년 동안 '마음챙김mindfulness'이 유행이었다. 나는 이 분야의 주요 학자 중 하나인 대너얼 시겔Daniel Siegel을 초대했다.

마음챙김을 통해 우리는 삶의 흐름에 몸을 맡기고 우리 일상 경험들에서 새로운 것을 느끼며 살 수 있게 된다. 우리의 주의를 어디에 집중시키느냐에 따라 우리의 정신이 만들어진다. 주의는 단순히 정보를 받는 대신 "우리가 적극적인 찾기 과정, 즉 의식의 영역에서 지각할 수 있는 데이터를 찾고자 하는 결정에 연루되는 것을 의미한다. 마음챙김을 통해서 우리는 단순한 감각에 대한 주의력 이상을 얻을 수 있다. 만약 우리가 우리 자신을 우리의 감각 경험을 통해서만 관찰한다면 즉, 우리는 메타주의를 하는 것이다. 마음챙김은 단순한 주의집중이 아니다. 이것은 주의에 주의를 하는 것이다. 이것은 메타인지(인지함을 인지하는 것)다.

대니얼 시겔 과학은 완전한 주의를 기울이는 것, 즉 지금 현재에서 경험의 풍요로움에 자신을 맡기는 것이 생물학적, 인지적 기능면에서 그리고 인간관계에서 더 좋은 결과를 가져온다고 말합니다. 지금 이 순간에 대한 인식을 획득하는 것은 모든 문화의 목표였습니다. 우리는 타인의 세계에 대한 주의를 집중시키는 것을 "조화"라고 합니다. 이런 집중력은 개인적 강인함을 강화합니다.

1970년대 중반에 존 카밧진Jon Kabat-Zinn은 마음챙김을 기반으로 한 스트레스 상태 감소 프로그램을 시작했다. 명상은 신경 구조를 변화시킨다. 라자Lazar, 커Kerr 그리고 그의 협력자들은 명상이 전두엽 중간 부분과 섬엽insula 부분의 두께를 두껍게 해준다는 걸 발견했다. 신경회로에 의지하는 우리 자신에 대한 정보였다. 우리가 앞 장에서 만난 데이비슨은 마음챙김 연습은 좌측 전두골을 활성화하며, 회피를 통해서가 아니라 접근을 통한 긍정적인 방법으로 감정을 조절할 수 있다고 한다. "두려움은 편도체와 함께 두려움을 조절하는 대뇌변연계limbic system 하부의 신경전달물질 감마아미노낙산GABA, gamma-aminobutyric acid 의 분비를 통해 조절될 수 있다. 이런 방식으로 두려움은 대뇌변연계에서 학습되는데, 이와 마찬가지로 내측 전전두엽 섬유질 성장을 통해 떼어낼 수도 있다. 이너키즈 프로그램Inner Kids Program은 어린아이들에게 사건이 일어나는 동안 일어나는 일을 의식하는 것으로 정의되는 '온전한 주의력'을 가르치기 위해 고안되었다.

세 번째 공간은 극장이다. 창의성 학습에서 나는 이미 연극의 교육적 가치에 대해 말한 바 있다. 연극은 우리가 이전에 살펴본 것들을 육체적으로 습득할 수 있는 기술을 일부 가르쳐준다. 여기에 마찬가지로 도전할 힘을 주는 프로젝트를 기획할 활동이 추가된다. 다른 사람들 앞에서 연극을 해야 하며 자신과 타인의 감정을 이해하기 위해서 사용되는 역할 실연을 하게 된다. 그리고 모두가 자기 자신과 싸우고 있는 분위기 아래 끊임없는 노력을 통해 소심함과 두려움을 상당히 벗어던지게 된다. 그리하여 확신에 찬 자기 자신과 대면하게 된다. 한 편의 연극이 끝나면, 아이는 "난 해냈어"라고 말할 수 있게 된다. 이 경험은 용기를 장려할 수 있을 만한 큰 보상이 된다.

6

유용한
공구상자

만약 내가 다시 젊은 과학자로 돌아간다 해도
나는 계속해서 면역학에 심혈을 기울일 것이다.
그러나 아이들에게 신체적으로 면역성을 주는 것뿐만 아니라
심리적으로도 면역성을 주기 위해 노력할 것이다.
그리고 만약 그 아이들이 심리적으로 면역력을 갖게 된다면
그 아이들이 정신적 질병뿐만 아니라 신체적 질병에도
더 잘 대처하는지 확인할 것이다.

_조너스 소크Jonas Edward Salk(소아마비 백신을 개발한 의학자)

두려움에 대처하는 방법

앞 장에서 나는 오래된 스키마를 변화시키고 새로운 경쟁력을 습득해야 할 필요성에 대해 말했다. 그러나 그것은 어떻게 해야 할까? 이 장에서 나는 효율성이 증명된 일반적인 방법에 대해서 말하고자 한다. 그리고 이어지는 장에서는 유아기와 사춘기에 가장 빈번하게 경험하는 두려움과 그 두려움에 대처하는 방법들에 관해 연구할 것이다. 유아 또는 성인들의 두려움에 대한 심리학, 교육학 그리고 정신 의학을 살펴보니 이들을 도와주거나 재교육시키는 과정들은 얼마 없었지만 효율적이었다는 것을 확인할 수 있었다. 모두 주체가 건축한 스키마를 변화시키고자 하는 시도가 있었다. 그것은 다음 세 개의 그룹으로 나눌 수 있다.

첫 번째는 주체의 내부에서 어떤 일이 벌어지는지 걱정하지 않은 채 행동만을 변화시키는 것이다. 이는 조건화 메커니즘에 기반을 둔 행동심리학에서 비롯된 생각이다. 행동심리학의 기본 원칙은 다음과 같다. 만약 보상과 벌을 잘 조절하면 행동을 지휘할 수 있다. 앨버트 엘리스는 백 명의 소녀들에게 말을 걸기 위한 자신의 프로그램에서 이 방법 중 하나를 사용했다. 심리 치료사는 거미를 무서워하는 사람이 둔감해지도록 점진적으로 진짜 또는 상상 속의 거미를 보고 참으라고 제안할 것이다. 노출, 이완, 역할 실연 기술은 마찬가지로 행동 요법으로 고려된다.

두 번째는 행동이 주체의 믿음과 사고방식에 좌우되기 때문에 믿음과 사고방식을 변화시키면 행동도 변화시킬 수 있다고 믿는 것이다. 인지 중심 방법이다. 괴물들과 싸울 능력이 있다는 믿음을 갖게 된 브라코니에Braconnier의 친구 꼬마는 행동주의 방법을 사용하고 있었다.

마지막으로 가장 효율적인 방법은 앞의 두 가지를 혼합한 인지행동주의 방법론이다. 행동의 원인이 되는 생각과 감정을 행동과 떼어놓는다는 것이 불가능하다는 걸 깨달았기 때문이었다. 나는 여러분에게 심리학의 '흥미로운 뉴스'의 한 꼭지를 말해주겠다. 행동주의 심리학자들은 방법론적인 이유로 개인의 머리에서 벌어지는 일들은 걱정하지 않기로 했다. 그들에게 환자의 머리는 가늠할 수 없이 심오한 것이어서 여기에 시간을 낭비하고 싶지 않았다. 오직 행동만을 관찰하고 환자들이 상과 벌에 반응하는 방법만을 연구하는 것으로 충분했다. 외부로부터 행동을 형성할 수 있었다. 행동주의 심리학자들은 매우 똑똑하고 기술적으로 매우 경쟁력 있는 사람들이었다. 그러나 그들은 현상의 반을 밖에 남겨두고 말았다. 감정, 생각, 믿음과 같은 정신적 원형들이 행동에 개입하지만 관찰할 수 있다고 생각되는 것만 연구하기로 한 그들의 선택은 어두운 골목길에서 동전을 잃어버린 후 가로등 아래에서 동전을 찾아 헤매는 주정뱅이의 이야기를 떠올리게 한다. 인지심리학이 나타났을 때 반대 상황이 벌어졌다. 이제 중요한 것은 내적인 것, 정신적 작동, 정보처리 과정, 감정이 되었다. 각 그룹은 고유의 심리 치료사들을 배출했고 논리적으로 현실의 반쪽들만 바라보던 그들이 서로 섞이지 않게 고립된 상태로 유지하는 것은 매우 어려웠다. 그래서 결국 양쪽 방법론을 활용한 세 번째 길이 나타났다. 행동인지주의가 그것이다. 우리는 이것에 대해 상호관계 도표를 작성하면서 앞 장에서 이미 언급한 바 있다.

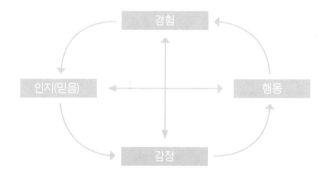

경험, 인지 스키마, 감정 스키마 그리고 행동은 톡톡히 상호작용한다. 그래서 내가 제시하려고 하는 용기 학습 여행 일정표에는 그 모든 요소가 섞여 있다. 용기 프로젝트를 시작하고 실천에 옮기기 위해서 다음의 성채들을 획득해야만 한다. 이 모든 요소는 바구니를 만들기 위해 서로서로 엮이는 버드나무 가지 같은 것이다. 그들 각자는 우리가 UP 프로그램에서 개발한 고유의 교육법을 가지고 있다.

강인함 NO.1 | 순향적인 태도　나는 앞에서 어떤 사람을 적극적인 태도로 바꾸는 것만으로도 전반적으로 긍정적인 효과를 낼 수 있다고 말했다. 모든 심리 치료는 환자들에게 행동을 요구한다. 능동성은 중요한 강인함 중 하나다. 우리는 능동성이 좋은 대응 전략들의 기초가 된다는 것을 이미 알고 있다. 마찬가지로 인식의 측면도 중요하다. 행동에 능동적으로 참여하는 학생은 좋은 결과를 갖게 된다. 두려움에 대한 대처는 문제에 봉착했을 때 대처하는 구조와 유사하다. 양쪽 모두의 경우 수동성은 나쁜 해결책이다. 행동만이 우리를 의존성, 수동성, 우울증, 두려움으로부터 해방시켜줄 수 있다는 걸 깨달아야 한다. 셀리그먼은 자존감에 대해 말할 때 정확하게 표현했다. "아이가 '하는 것'—배우기, 인내하기, 좌절감과 지루함을 극복하기—대신 아이가 '느끼는 것'을 더 강조하면서 오늘날의 부모와 선생님들은 지금 아이들 세대를 우울증에 더 취약하게 만들고 있다". 집행적 지능의 주요 특징 중 하나는 장기적 목표를 제안하고 유지하는 것이다. 프로젝트를 통해서 미래를 내다보며 현재의 압박감에서 우리를 해방시키는 것이다. 그래서 모든 교육 단계에서 프로젝트 학습을 도입하는 것이 바람직하다.

이 과정을 계속하는 데 필요한 요소다. 만약 우리가 충동에 휩쓸려 산다면 우리는 변화할 수 없다. 다시 마라톤 이야기로 돌아가보자. 마라톤 주자는 아주 피곤하고 그의 생성 지능은 이해할 만한 이유를 제공하며 이제 그만 포기하라고 제안한다. 그러나 집행 목표를 달성하기 위해서 프로젝트를 유지하고 싶어 한다. 조금 더 참아 목표를 달성했을 때의 즐거움을 생각하고, 그 반대의 경우는 얼마나 실망스러울지 미리 생각한다. 그러면서 그 순간 더 단기적 목표를 주체에게 제공한다. 조금만 더 참자. 지금 머릿속에서 일어나는 것에 굴복하여 바닥에 나자빠지고 싶은 욕구를 '봉쇄'하는 것이다. 이런 방식으로 목표에 도달할 수 있었던 이유는 포기하지 않고 끝까지 가는 습관을 습득했기 때문이다. 용기와 창조 등의 모든 재능 교육 과정은 초기에 우리가 신중하게 세운 계획들을 무의식적으로 실행에 옮길 수 있게 한다. 만약 바이올린 연주자가 자기 손가락의 움직임을 의식하고 있다면 제대로 된 연주를 할 수 없을 것이다. 자유의 가장 숭고한 창조물은 습관의 순종적인 메커니즘 덕분에 성취된다. 충동을 억제하는 것은 집행적 지능의 첫 번째 행동이다. 그 기능은 충동을 자신의 평가 기준에 비교한 뒤 수용하거나 거부하거나 또는 대안을 요청하는 것이다. 아주 간단한 행동이지만 효율적이다. 우리에게 고심하기, 결정하기, 목표를 설정하기와 같이 더 복잡한 행동들을 할 수 있게 해줄 것이다. "안 돼"라고 말하는 것은 우리 해방의 시발점이다. 만약 어린 시절 억제 능력을 획득하지 못하면 오직 충동에만 이끌려 사는 통제 불능의 사람으로 변하게 될 것이다. 통제력을 습득할 수 있게 도와주는 방법이 있다. 아이에게 자기 자신이 스스로 규칙을 세우게 하는 내적 대화 방법을 가르치는 것이다.

"안 돼"라고 말하기, 고전적인 언어로 '유혹을 이기기'는 쉽지 않다. 욕망의 불씨는 그 힘이 매우 강력하기 때문이다. 세이렌의 유혹을 뿌리칠 수 없을 것 같았던 율리시스는 선원들에게 자신을 돛대에 묶으라고 시켰다. 바우마이스터와 그의 연구팀은 유혹을 참을 수 있는 능력은 저마다 다르다는 걸 보여주었다. 그것은 우리가 처한 상황에 따라 달라진다. 인내심을 키울 수 있는 가장 좋은 방법은 역시나 행동을 자동화하고 습관을 고착화하여, 갈등 상황이나 새로운 환경을 이겨낼 수 있는 에너지를 비축하는 것이다. 많은 독자의 빈축을 샀지만 우리의 의무는 시시각각 변화하는 우리의 마음을 이겨내기 위해서 자동 운동을 배워야 한다고 주장하는 것이다.

강인함 NO.3 | 주의력 조절 충동을 봉쇄하는 보완적 활동은 신체, 또는 정신적 활동을 지휘할 줄 아는 것이다. 완전히 새로운 행동을 시작하라는 것이 아니다. 우리는 항상 무언가를 하고 있으므로 단지 방향을 바꾸기만 하면 된다. 충동적인 사람은 자신의 욕구에 이끌려 다니느라 다른 생각을 할 수가 없다. 공포에 떨고 있는 사람도 마찬가지로 두려움에서 벗어날 수가 없다. 욕구와 두

려움은 이렇게 계속 그들의 의식 속에서 떠나지 않는다. 그래서 여기서 습득해야 할 집행적 강인함은 '주의력을 조절'하는 것이다. 나는 이것이 매우 중요하기 때문에 여기에 좀 더 많은 시간을 할애할 것이다. 우리가 '주의'라고 말할 때, 이는 무엇을 의미하는 것일까? 여러분이 대담자가 무언가를 말하는 회의에 참석해 있다고 가정해보자. 대담자가 하는 말은 여러분 의식의 1층을 차지하며 다른 청중들의 모습과 함께 그들의 대화가 멀리서 약간 혼란스럽게 들린다. 그런데 갑자기 근처 그룹에서 여러분의 이름이 거론되는 것을 들으면, 여러분은 자신에 대해 무슨 말을 하는지 알고 싶어서 옆 그룹의 대화에 주의를 기울이게 된다. 웅성거림 속에서 옆 그룹의 목소리만이 또렷하게 인식된다. 심리학적으로, 여러분은 여러분의 이름이 거론된 옆 그룹의 새로운 대화, 그 자극에 감각 분석 메커니즘을 집중하기로 한 것이다. 이제 여러분은 그 대화를 '집중해서 지각하기' 시작한다. 즉 집중하는 활동에 더 많은 인식적 자원을 투여하는 것이다. 외출했다가 꽤 시간이 늦었다는 걸 알게 되면 다음 행동으로 넘어간다. 즉 집으로 돌아가기 위해서 움직이기 시작한다. 집중은 결정을 수반한다. 다시 말해 주의력을 조절한다는 것은 뇌의 메커니즘을 조절한다는 것이며, 특정 결과를 일으키는 활동이나 생각이 밑바탕에서 두드러지게 나타난다는 뜻이다. 환자는 다음 날 받을 수술을 생각하며 불안해한다. 그의 모든 주의는 수술에 쏠려 있다. 그는 다른 생각을 하기로 한다. 즉, 활동을 바꾸는 것이다. 그는 텔레비전을 켠다. 이제 환자의 주의는 화면에서 나타나는 그림들에 향해 있다. 우리 용기공장에는 주의력 훈련 전문가들이 있다. 앞서 우리는 시겔이 마음챙김에 관해 말하는 걸 들었다. 요가부터 초월 명상에 이르기까지 모든 동양의 기술들은 기본적으로 주의력을 조절하기 위한 기술들이다. 웰즈Wells는 반복적인 생각들, 되새김질을 제거하기 위한 주의력 훈련 기술을 제안한다. 이 기술은 초조함을 없애는 데 효율적일 수 있다. 왜냐하면, 되새김질과 걱정을 중단시키고 집행적 조절능력을 강화하면서 자기 자신에게 집중된 주의를 약화시킬 수 있기 때문이다. 웰즈는 환자들에게 중성적인 자극들에 주의를 집중하도록 훈련시켰다. 가령 빠르게 변화하는 다양한 소리를 들려주며, 내부에 쏠린 주의를 외부로 분산시키는 것이다. 이 모든 과정은 한 세션당 10분에서 15분 정도의 시간이 소요된다.

월터 미셸Walter Mischel에 따르면 의지는 우리의 주의력을 다루는 열쇠다. 그의 연구는 '주의력 재배치'의 중요성을 알리는 중요한 계기가 되었다. 그는 집행적 조절에 좌우되는 세 가지 종류의 주의력을 구분했다. 첫 번째는 한 대상으로부터 의도적으로 우리의 주의력을 멀어지게 하는 능력이다. 두 번째는 주의 산만함에 대한 저항력으로 다른 대상에 대한 주의력을 유지하게 해준다. 세 번째는 미래의 대상을 현재에 유지하도록 도와준다.

주의력 현상에서 나타나는 정신적 활동 조절은 자기 통제의 중심이다. 노력 통제가 자기 통제와 연결되어 있다는 뜻이다. 통제는 로버트 브룩스Robert Brooks이 설명하는 것처럼 자제를 가르치기 위한 목적을 가지고 있다. 즉 외부 통제에서 내부 통제로의 이동을 의미한다. '자제'라는 어휘는 앨버트 반두라Albert Bandura가 인간은 자신의 행동을 통제하기 위해서 자기 자신에게 상과 벌을 준다고 언급할 때도 사용되었다.

강인함 NO.4 | 내적 대화 가르치기 언어는 느낌, 그리고 특히 두려움을 관리할 때 중요한 역할을 한다. 심리학자들은 우리 자신에게 말하는 방법, 자신에게 벌어지는 상황을 설명하는 "내적 대화"라고 부르는 것에 점점 더 관심을 기울이고 있다. 스스로 "자기 지시"를 내리는 법을 배우며 스트레스에 대처하는 방법들도 있다. 우리가 어렸을 적 엄마가 "뛰어내리기 전에 아홉까지 세어라"고 지시했던 것과 비슷하지만 더 체계적인 것이다.

강인함 NO.5 | 두려움을 유발하는 원인 변화시키기 두려움은 어떤 두려운 대상 또는 상황, 실제의 것이거나 상상의 것, 현재 또는 미리 짐작한 스트레스 유발 요소들이 나타남으로써 발생한다. 나는 두려움이 우호적인 것이고, 정보가 적절하고 위험이 실질적이라면 두려움이 아니라 문제를 제거하기 위해 노력해야 한다고 반복해서 말했다. 만약 호랑이가 여러분 방에 나타나면 긴장 이완 연습이나 둔감 기술을 실행하거나 호랑이는 무서운 동물이라는 믿음을 바꾸기 위해서 노력해서는 안 된다. 가장 똑똑한 방법은

눈썹이 휘날리게 도망치는 것이다. 반면 과장된 두려움의 경우, 문제는 고유의 해석 스키마(도식)에서 비롯된 것일 수 있다. 만약 '사람들이 자신을 바라보며 어떻게 평가할까'에 대한 두려움이 너무 강해서 외출하기를 꺼린다면 문제는 다른 사람에게 있는 게 아니라 자기 자신에게 있는 것이다. 이럴 경우 해석 스키마를 바꾸는 게 필요하다. 우리는 원인 유발 대상에 부여한 힘을 제거하면서 그 두려움으로부터 해방될 수 있다. 엘리베이터 타는 걸 무서워하는 사람의 두려움은 제아무리 엘리베이터 케이블을 강화한다고 해도 없어지는 게 아니다. 본인이 변해야 한다. 그러기 위해서 점진적 노출 기술을 통해 엘리베이터에 대한 두려움에 둔감해지는 걸 배워야 한다. 마찬가지로 두려운 대상의 위상을 떨어뜨릴 수 있어야 한다. 두려움을 유발하는 바로 그 대상을 조롱하거나, 희화하거나, 보이는 것처럼 그렇게 무섭지 않다는 걸 증명하는 등 다른 종류의 연상을 통해서 말이다. 여섯 살짜리 내 손자와 나는 둘만의 '이야기'를 만들었다. 내용은 아이들이 괴물과 마녀, 흡혈귀를 무서워하지 않게 해주는 이야기인데 바로 앞에 열거한 기술을 토대로 한다. "역할 실연"은 매우 유용하다. 왜냐하면, 아이가 자신의 것이 아닌 감정을 표현하게 해주며 그에 따라 행동하는 방법을 가르쳐주기 때문이다. 바로 이 이유로 학교에서 연극 수업은 강력한 교육적 영향을 미칠 수 있다. 노출 및 둔감 과정은 행동주의 도구의 일부를 형성한다.

"두려움 스키마"의 다른 구성 요소는 믿음, 설정된 관계와 체계, 해석 방법이다. 믿음을 변화시키는 것은 감정과 행동을 변화시키는 데 매우 유용하다. 변화해야 하는 두 가지 주요 믿음은 실제로는 위협적이지 않은 것을 그렇다고 해석하는 것과 주체가 문제를 대처할 능력이 없다고 믿는 것이다. 타인을 실망하게 할 것에 대한 두려움은 "모든 사람이 나를 좋아하게 해야 돼", "만약 누군가 나를 싫어한다면 그건 내가 별로이기 때문일 거야"라는 믿음에 기초를 두고 있을 수 있다. 이런 생각을 가진 아이가 변화시켜야 하는 첫 번째 믿음 중 하나는 바로 변화할 수 있다는 가능성과 연관되어 있다. 초조해 하는 아이들은 스스로 자신의 감정을 변화시킬 능력이 없다고 믿는다. 이는 인식적 과정의 핵심이다.

강인함 NO.6 | 자신에 대한 신뢰감 강화하기 전문가들은 아이에게 장려되는 '자존감'이 초래하는 애매한 효과에 대해 주의를 기울이고 있다. 셀리그먼이 말하는 것처럼 우리는 '하는' 아이들보다 '느끼는' 아이들에 너무 집중해왔다. UP 프로그램에서 우리는 '자기 자신에 대한 신뢰감'에 대해서 말하는 걸 선호한다. 왜냐하면, 이것이 모든 중요한 요소들을 통합하고 있다고 믿기 때문이다. 아이는 다음의 세 단계를 통해 신뢰감을 습득한다.

첫 번째 단계는 기본적 신뢰감이다. 아이는 자기 자신이 하는 일 때문이 아니라 있는 그대로 받아들여진다는 걸 느껴야 한다. 이 단계에서 부모나 선생님은 조건 없는 사랑을 보여줘야 하며, 보살핌은 필수적이다.

두 번째는 아이가 자신이 뛰어난 능역을 지니고 있다는 느낌을 갖는 것이다. 무언가 할 수 있다는 느낌은 사고의 동력을 제공한다. 앨버트 반두라는 이 부분에 주의를 기울였다. 이러한 느낌은 자기 통제 느낌과 연결되어 있고, 다음에 말하겠지만 낙관주의와도 연결되어 있다. 이것은 실질적인 경쟁력이 아니라 그 경쟁력에 대한 우리의 생각임을 유의하자. 우리는 종종 많은 일을 다 잘할 수 없다고 느낀다. 우리는 우리의 강인함보다는 무능력함을 더 잘 인식하는 것 같다. 우리는 아이가 무언가를 성취해내는 경험을 느낄 수 있게 만들어줘야 한다. 그것이 부모로서, 그리고 교사로서 우리의 의무다. 실제로는 잘하지도 않았는데 '멋지다'며 아이에게 거짓된 이미지를 심어주어서도 안 된다. 설사 그것이 너무 쉽고 기초적이라 할지라도 아이가 무언가 정말 멋지게 해낼 수 있는 것을 목표로 설정해야 한다. 중요한 것은 충분히 의미 있는 목표를 설정해서 성취의 만족감을 느끼게 해주는 것이다. 그러나 너무 어려워서 실패할 가능성이 커서는 안 된다. 아이에게 부과하는 과제는 짧고 가능한 빠른 보상을 받을 수 있는 것이어야 한다. 성공의 경험은 너무 강력해서 어른과 마찬가지로 아이도 다시 느끼고 싶을 것이다. 그리고 효율성의 확고한 목표를 습득하고, 산발적인 실패를 극복하면서 자기 자신에 대한 믿음이 단단해질 것이다. 아이는 어렵더라도 성공할 수 있다는 걸 직접 체험했기 때문이다. 도우릭Dowrick의 실험을 보면 잘 알 수 있다. 그는 신체 발달과 사회적 관계 문제가 있는 한 그룹의 아이들에게 그들의 능력을 뛰어넘는 과제를 제안했다. 도우릭은 비디오에 그들의 신체활동을 녹화한 뒤 아이들의 실수나 도움받는 장면은 모두 삭제했다. 그래서 아이들이 녹화된 비디오를 보았을 때의 모습은 실제 그들이 했던 것보다 더 훌륭해 보였다. 녹화된 자신들의 모습을 관찰한 뒤, 아이들은 똑같은 체조를 훨씬 더 잘하게 되었다. 자신들이 잘한 모습을 보고 자신들에 대한 기대가 커졌기 때문이었다.

하버드대학교 의과대학 교수이자 심리학자이며 우리 용기 공장의 구성원이기도 한 로버트 브룩스는 아이 내부에서 '경쟁력의 구획들'을 찾아보라고 제안한다. 그는 엄마 제인과 함께 자신을 찾아온 열 살짜리 소녀의 이야기를 들려준다.

제인을 만난 첫 번째 만남을 절대 잊을 수 없을 것 같다. 리사는 여러 가지 문제를 안고 있었다. 학습 장애, 친구들과의 나쁜 관계, 성장 호르몬 부족 등이다. 그래서 그녀는 일주일에 다섯 번씩 호르몬 주사를 맞아야 했다. 나는 리사에게 강인함을 토대로 한 방법으로 접근해보기로 했다. 나는 리사에게 어떤 활동을 할 때 즐거운지, '자신 있는 분야'가 무엇인지 물었다. 나는 우리가 어떤 강점이 있는지 모른 채 우리 내부의 나약함과 싸울 수 없다고 생각한다. 리사는 하나도 없다고 대답했다. 나는 다시 같은 질문을 반복했다. 내가 우리는 가끔 우리가 어디에 강한지 잘 모를 때가 있다고 말하자 리사는 화를 내며 내게 대답했다. "브룩스 박사님, 박사님은 매일매일 학교에서 그룹 활동을 할 때마다 항상 마지막으로 선택되는 게 어떤 기분인지 모를 거예요". 무언가 유용한 말을 하기 위해 고심하고 있었는데, 리사가 웃기 시작했다. "왜 웃니?", "지금까지 한 번도 생각하지 못했는데, 방금 제가 학교에서 다른 친구들보다 잘하는 게 생각났어요", "그게 뭐니?" 나는 궁금해서 물어봤다. "나는 누구보다 주사를 잘 참아요". 그러자 리사의 엄마는 나를 바라보면서 정말 멋진 말을 했다. "브룩스 박사님, 아마 지금까지 많은 아이를 치료해보셨겠지만 리사처럼 용기 있는 아이는 없었을 걸요. 벌써 이렇게 주사를 많이 맞았지만 아직 한 번도 희망을 잃은 적이 없답니다". 리사는 엄마가 한 말에 만족하며 엄마를 힘껏 껴안았다. 제인이 사용한 "용기"라는 단어는 나를 감동시켰다. 나는 그때까지 매일매일 주사를 맞으러 오는 많은 아이들에게 큰 용기가 필요했다는 것을 깨닫지 못했다. 나는 계속 리사를 치료했고 리사와 그녀의 엄마 제인과 오랫동안 연락을 유지했다. 리사는 마지막 치료를 받는 날 나에게 말했다. "이제 호르몬 주사를 다 맞았네요. 이제 제 키가 얼마인지 아세요?", "아니, 얼마니?", "4피트 그리고 11인치요. 제 목표는 5피트에요". 나는 '이제 1인치만 크면 되겠구나'라고 말할 참이었다. 그러나 그전에 리사가 먼저 말했다. "걱정하지 마세요, 고작 1인치잖아요". 우리는 리사가 얼마나 좋아졌고 어떻게 그녀의 문제들이 해결되었는지에 대해서 말했다. 이러한 변화에 대해 말하자, 리사가 아주 감동적인 말을 했다. "박사님, 우리가 해냈어요. 우리가 정말 해냈어요. 정말 감사합니다". 리사는 나를 꼭 안아주며 다정스럽게 말했다. 정말 마법 같은 순간이었다.

연구는 의심의 여지를 남기지 않는다. 무기력감은 우울증으로 이어지고, 고난을 이길 수 있다는 느낌은 스트레스와 불안으로 인한 신체적 영향을 감소시킨다. 그리고 이것은 모든 나이대에 고르게 나타난다. 랭거Lauger와 로딘Rodin은 양로원에 있는 노인들에게 자신이 유용하며 책임감을 완수할 수 있는 능력이 있음을 느끼게 하는 일거리를 부여하면, 노인들은 잔병치레를 덜 하고 더 행복해하며 활동적이 된다는 걸 증명했다. 걱정할 무언가가 있다는 것은 오히려 작은 희망이다.

마지막은 자기 존엄성에 대한 인식이다. 초등학교 마지막 과정부터는 그룹 내에서 자신의 독립성을 유지하기 위한 교육을 하는 것이 중요하다. 이는 자주의 학습, 자기 자신의 가치에 대한 인식, 그리고 존중하고 존중받을 능력과 연결되어 있다.

강인함 NO.7 | 가능성의 확장 낙관주의, 희망, 기대, 강인함─도전하거나 저항하기 위한 힘─은 낙관주의를 통해 더 쉽게 습득될 수 있다. 우리는 앞서 수많은 굴복과 수동성들의 원인인 '습득된 무기력감'에 대해서 말했다. 비관주의자들은 이러한 무기력감에 더 취약하다. 자기 자신에 대한 신뢰에 대해 말할 때 우리가 연구한 효과적인 행동(강인함 NO.5)은 낙관주의를 유발하는 요소 중 하나다.

낙관주의는 긍정적인 문장을 반복하면서 생기는 것이 아니라 개인이 원인에 대해 어떻게 생각하고 성공과 실패를 어떻게 설명하는가에 달려 있다. 우리가 "내적 대화"(강인함 NO.2)에서 말한 내용을 기억하기 바란다. 비관적인 아이들은 자신에게 일어나는 나쁜 사건들의 원인이 지속적인 것이라고 믿는다("학교에서 어느 누구도 나랑 친구가 되고 싶어 하지 않을 거야"), 반면 좋은 일의 원인은 우연한 것이라고 믿는다("나를 회장으로 뽑아준 것은 내가 불쌍해서 일거야").

다시 신뢰가 등장한다. 캐롤 드웩Carol Dweck은 '지능이 향상할 수 있다는 믿음이 실제로 지능을 향상시키는 데 중요한 요소'임을 연구했다. 메리 콜린스Mary Collins는 다른 학교에서 적응하지 못하거나 퇴학을 당한 시카고 지역의 이른바 '문제아'들을 가르쳤다. 4년 동안 13번이나 학교를 옮겨다닌 아이도 있었다. 어떤 아이는 학급 친구들에게 공격적이었고, 어떤 아이는 자살에 대해 말했다. 미국의 유명한 TV 프로그램 〈60분〉은 콜린스의 학급을 보도했다. 사회자는 어떻게든 학생 한 명이라도 학교가 힘들어서 싫다는 말을 해주기를 바라며 질문을 유도했다. 한 아이가 대답했다. "힘들어서 좋아요. 왜냐하면 뇌를 성장하게 해주잖아요". 〈시카고 선Chicago Sun〉의 제이 스미스Zay Smith도 이 아이들을 인터뷰했다. "여기서는 모든 게 어려워요. 뇌가 꽉 채워지는 느낌이에요".

메리 콜린스는 첫 수업 날 학생들과 약속을 했다. "여러분

대부분은 자기 이름도 쓸 줄 모르고 알파벳도 모르며 읽을 줄도 모르고 단어의 음절 분해도 할 줄 모른다는 걸 알아요. 여러분에게 약속을 하나 하죠. 여러분은 이 모든 걸 할 수 있게 될 겁니다. 여러분은 지금까지 단 한 번도 실패하지 않았어요. 아마도 학교가 여러분에게 실패했겠죠. 자 그럼, 학생 여러분, 이제 실패에 작별 인사를 하고 성공에 환영 인사를 보냅시다. 여기서 여러분은 아주 어려운 책들을 읽게 될 것이고 읽는 것의 뜻을 알게 될 것입니다. 매일매일 글을 쓸겁니다. …… 여러분은 내가 여러분을 도울 수 있게 나를 도와줘야 합니다. 아무것도 주지 않으면 아무것도 바라지 마십시오. 성공은 그냥 혼자 오는 게 아닙니다. 여러분이 성공을 찾아 나서야 합니다".

드웩은 위대한 스승이란 이미 잘하는 학생들뿐만 아니라 모든 학생을 위해 높은 기준을 설정하는 사람이라고 결론 내린다.

강인함 NO.8 | 실패에 대한 지구력 증가시키기　아이들은 실패를 통해 슬픔, 불안감, 분노를 느낄 필요가 있다. 우리가 본능적으로 아이들을 실패로부터 보호하고 아이들의 자존감을 높여주어 그들의 실망을 서둘러 완화시켜주면, 아이들이 그러한 경험으로부터 배울 수 있는 기회를 잃게 된다.

며칠 전, 강연회 후에 있었던 토론회에서 한 소아과 의사가 내게 말했다. "가장 중요한 것은 아이가 만족하는 거죠", "당신이 말하는 만족이 어떻게 이해되느냐에 따라서 그렇겠죠". 나는 대답했다. "만약 아이가 절대 불쾌한 경험을 하지 않아야 한다고 생각한다면, 그건 잘못 생각하시는 것 같네요". 나는 조너스 소크의 말이 생각났다. "감기으로부터 아이를 보호하기 위해서 부모에게 무균의 격리된 집에서 아이를 키우라는 말과 같아요. 아이가 유치원에 가면 감기에 걸리지만 그런 식으로 아이의 면역 체계는 강해집니다". 우리가 해야 할 일은 아이가 실패를 극복할 수 있게 도와주는 것이다. 실패가 무능력의 결과가 아니라 배우기 위해서 겪어야 하는 불쾌하지만 어쩔 수 없는 방법이라는 것을 아이들에게 각인시켜줘야 한다. 실패를 통해 배운다는 생각은 우리 발전을 위해 기본적인 것이다. 왜냐하면 우리는 실패를 잘 극복하지 못하기 때문이다. 어떤 사람이 사업에 실패했다고 치자. 그를 실패자라고 낙인찍고 그는 다시 시도하면 안 된다고 생각한다면, 이것은 정말 끔찍한 일이다. 베스트셀러《펑키 비즈니스*Funky Business*》저자 요나스 리더스트럴러는 말한다. "빨리 실패해야 조금이라도 일찍 성공하는 걸 배운다". 또 인텔의 부사장 앨버트 유Albert You는 "실패는 혁신 문화의 일부에 지나지 않는다. 더 강해지기 위해서 실패를 받아들이자"라고 했다. 우디 알렌은 여기에 쐐기를 박는다. "만약 셋 중에 둘을 실패하지 않는다면, 혁신적인 일을 아예 하고 있지 않다는 신호다". 셀리그먼은 미국에서 유아 우울증이 급증하는 이유가 자존감과 피해 의식의 잘못된 사용에 때문이라고 주장한다. 무언가 일이 벌어지면 우리는 항상 다른 사람 탓을 한다. 아이의 행복을 너무 걱정한 나머지 역경을 극복하는 방법을 배우는 걸 방해하며 문제가 있는 상황들을 극복하기 위해 노력하는 인내와 끈기 발전을 방해하게 된다.

심리학자 스나이더C.R. Snyder는 그의 책《희망의 심리학*The Psychology of Hope*》에서 "의지력은 아무런 어려움 없이 목표가 달성되는 쉬운 삶을 영위하면서는 습득될 수 없다. 반대로 힘든 순간, 우리가 장애물에 걸려 넘어진 후에도 그것을 극복하기 위한 정신적 노력을 기울이면서 생성된다. 실제로 의지력이 강한 사람들은 이전에 난관을 극복한 사람들이다"라고 말한다. 파리에서 디디에 플뢰Didier Pleux가 진행한 연구는 시련이나 실패에 대한 편협성이 우리 아이들에게 위험한 취약성을 초래한다는 사실을 보여준다.

강인함 NO.9 | 부단한 노력 앞 장에서 우리는 노력에 대한 지구력 습득에 대해서 존 코아티스의 의견을 들었다. 이는 훈련의 문제다. 물론 훈련을 하기 위해서는 동기, 목표를 달성하고자 하는 욕구, 성취를 위한 유인책, 진전을 볼 수 있는 단기 목표, 자기 자신에 대한 보상 등의 수준을 높여야 한다. 오늘날 우리는 회복탄력성이라는 말을 많이 듣는다. 회복탄력성이란 외상 후유증을 겪은 뒤 빨리 회복하는 능력을 뜻하는 말로 사용되기 시작했지만, 시간이 지나가면서 위험이나 두려움과 같은 불쾌한 감정들을 견뎌내는 능력으로 점점 더 광범위하게 사용되고 있다. 탄력성이라는 단어는 이러한 능력을 지칭한다. 셀리그먼은 회복탄력성과 관

련한 대규모 프로젝트를 진행하고 있다. 그의 프로젝트는 전쟁의 긴장감이 일으키는 심리적 문제들을 예방하기 위해 모든 미국 군인들에게 탄력성 과정을 듣게 하는 것이다. "또한 우리는 펜실베니아대학교 학생들을 위해서도 회복탄력성 프로그램을 시행하고 있습니다. 교육부로부터 지원받은 2,800만 달러의 보조금으로 우리는 고등학교에서 이 프로그램의 효율성을 평가했습니다. 평가 결과 우리 프로그램을 통해서 우울증, 불안 그리고 청소년들의 행동 문제들을 감소시킬 수 있었다. 커리큘럼은 중학교 2학년 과정에서 80분짜리 수업을 스무 번 넘게 진행하는 것이었습니다"라고 말했다.

안젤라 리 덕워스는 'GRIT, 노력에 수반되는 인내'(G—Growth Mindset능력 성장 믿음, R—Resilience회복탄력성, I—Intrinsic Motivation내재적 동기, T—Tenacity끈기—옮긴이 주)라고 명명한 것을 연구했다. Grit는 다른 유사한 개념과 다르다. 왜냐하면 유지하기 위해서 긍정적인 피드백이 필요 없는 안정적인 특징을 가지고 있기 때문이다. 기개grit가 높은 사람은 실패와 시련을 무릅쓰고 부단한 노력을 한다. 장기적인 목표에 대한 열정과 결의는 계속해서 경주하게 한다. 그들은 스프린터가 아니라 마라토너다. 이런 연구는 다음의 질문에 대한 해답을 구하기 위한 시도였다. 어떤 사람들은 같은 지능을 가졌음에도 불구하고 왜 더 효율적일까? 결단력은 인식 지능과는 별개로—높은 지능 지수를 가졌음에도 장기적으로 좋은 결과를 맺지 못하는 사람들을 설명할

수 있다―어려운 것을 무릅쓰는 용기를 제공하는 태도들의 조합
으로, 매디Maddi가 정의한 '강인함hardiness'처럼 다른 요소들과
도 연결된다. 그래서 재앙과도 같은 실패를 성장 기회로 변화시
킨다. 또한 장기적인 동기와도 연결된다.

강인함 10번 | 약속   니체는 "인간은 약속할 수 있는 능력을 갖춘
유일한 생명체다"라고 했다. 다른 사람과의 프로젝트, 가치와의
약속은 용기 프로젝트를 유지하게 도와준다. 심리적인 측면에서
'의무'는 '신용도의 보험'을 형성한다. 동기가 떨어지고, 피곤함이
나 두려움이 나타날 때, 의무감은 유일한 손잡이가 될 수 있다. 즉
실망 또는 의혹에도 불구하고 기능을 발휘하는 자동 메커니즘처
럼 구축되어야 한다. 모든 프로젝트는 의무를 내포한다. 만약 백
층짜리 건물을 짓고 싶다면, 적합한 기초를 다져야 할 '의무'가 있
다. 그렇지 않으면 건물은 무너질 것이기 때문이다. 마친가지로
도덕적 프로젝트를 실행하고 싶다면 일련의 미덕들을 전개할 '의
무'가 있다.

이제 우리는 우리가 지금까지 살펴본 모든 발견물이 포함된 프로
그램을 작성할 수 있다.

강인함 No. 1 ㅣ 순항적인 태도

강인함 No. 2 ㅣ 유혹 이겨내기

강인함 No. 3 ㅣ 주의력 조절

강인함 No. 4 ㅣ 내적 대화를 가르치기

강인함 No. 5 ㅣ 두려움을 유발하는 원인 변화시키기

강인함 No. 6 ㅣ 자신에 대한 신뢰감 강화하기

강인함 No. 7 ㅣ 가능성의 확장

강인함 No. 8 ㅣ 실패에 대한 지구력 증가시키기

강인함 No. 9 ㅣ 부단한 노력

강인함 No. 10 ㅣ 약속

용기공장
The Courage Factory

용기공장 4층에는 용기courage, '강인함의 심리학자'들의 사무실이 자리 잡고 있다. 최근 몇 년 동안 이 주제에 대해 큰 관심이 일어나기 시작했다. 내가 처음 초대한 사람은 바로 션 T. 한나Sean T. Hannah로 그는 웨스트 포인트 군아카데미의 소장이다.

저자 심리학자들은 용기 없이는 사람이나 조직, 사회가 발전할 수 없다는 걸 발견했죠.

한나 실제로 우리는 위험을 감수하고 현상태를 유지하기 위해 도전(사회적 용기)하고, 도덕적 책임(도덕적 용기)을 다하고, 새로운 기회와 도전을 시도(기업적 용기)하고, 자존감을 바쳐서 실패로 끝날 수도 있는 도전들(심리학적 용기)을 감수하고, 만약 상황이 발생하면, 더 큰 선善을 방어하기 위해 안전의 위협까지 무릅쓰는(신체적 용기) 사람이 필요합니다.

저자 당신은 상황에 따라 결정되는 다양한 종류의 용기를 설명하는 용감한 인격에 대한 이론을 세웠습니다. 소방관은 불이 났을 때 용감하지만 비행기를 탈 때는 겁쟁이가 될 수 있죠. 그러한 인격을 구성하는 요소들은 무엇입니까?

한나 제 이론은 우리 인격이 인지정서처리시스템Cognitive Affective Processing Systems, CAPS의 요소들로 구성되어 있고 각각의 구성 요소들은 특정 상황에서 활성화되기도 하고 비활성화된다는 것을 가정하고 있습니다. 용기의 경우, 네 가지 종류의 방법들이 개입됩니다. 긍정적인 상태, 가치와 믿음, 인격의 특징, 그리고 사회적 힘입니다.

저자 인지정서처리시스템은 우리가 이 책에서 '스키마'라고 부르는 것입니다. 그렇게 보면 우리의 의견은 일치하는 듯합니다. 그런데 당신이 '긍정적인 상태'라고 부르는 것은 무엇인가요?

한나 우리는 다섯 가지 긍정적인 상태를 정의했습니다. 첫 번째는 자기 효율성, 이것은 '특정 상황에 반응하는 데 필요한 방법들을 동원할 능력이 있다는 믿음'입니다. 두 번째는 집단적 효율성, 조직으로서 효율성을 가지고 있다는 믿음. 세 번째는 가지고 있는 도구들의 효율성. 네 번째는 희망, 미래에 대한 신뢰 상태. 마지막 다섯 번째는 회복탄력성입니다.

저자 당신이 열거한 모든 요소가 다 우리 모델에 통합되어 있군요.

내가 두 번째로 초대한 사람은 《용기 지수*The Courage Quotient*》의 저자 로버트 비스워스–디너Rober Biswas-Diener 박사다.

저자 왜 용기에 관한 책을 쓰셨죠?

로버트 비스워스–디너 왜냐하면 용기는 바람직한 삶을 살기 위한 지름길이거든요. 두려움은 우리가 선하고 유익한 일을 하는 것을 방해합니다. 충만한 삶을 사는 사람은 그렇게 살 용기를 가져야 합니다.

저자 용기를 잴 수 있나요?

로버트 비스워스–디너 그럴 수 있어요. 용기는 두려움에도 불구하고 행동하고자 하는 욕구입니다. 자기 통제력과 의지력의 집합체가 바로 용기입니다. 두려움과 위험 그리고 불확실성에도 불구하고 행동하는 사람이 용감한 사람입니다.

저자 당신이 알고 있는 가장 이상한 용기의 예는 어떤 것이 있나요?

로버트 비스워스-디너 어떤 기업가가 자신이 지금까지 한 일 중 가장 용감했던 것은 바로 사람을 고용한 거라고 말했어요. 사람을 고용하게 되면 고용한 사람에게 돈을 투자하고 팀의 동력이 바뀌고 문화가 바뀝니다. 무언가 새로운 것을 시작하는 것은 항상 용기가 필요합니다. 학교에 가고, 새로운 직장을 얻고, 결혼하고, 다른 도시로 이사 가는 것 모두 말입니다. 우리가 생각하는 것보다 훨씬 더 용감한 행동들이 많이 있습니다. 소소하지만 중요하고 용감한 행동들을 인정하는 것이 필요합니다.

저자 용기는 성격의 일면인가요?

로버트 비스워스-디너 네. 그러나 주의해야 할 것은 그러한 일면들이 피할 수 없는 필연주의에 속한다고 생각하면 안 됩니다.

저자 왜 아이들은 용감하지 않다고 말씀하신 거죠?

로버트 비스워스-디너 몇몇 부모에게 자신의 아이들이 어떤 성격적 강인함을 가지고 있냐고 질문했습니다. 아주 극소수의 부모만이 용기라고 대답했죠. 아이들은 겁이 많습니다. 용기는 자기 통제와 연결되어 있는데 어린아이들은 아직 자기 자신을 통제할 수 없죠.

내 아이의
두려움에 관하여 I

—

유아기

어려워서 도전 못 한 것이 아니라,
도전하지 않았기에 어려움이 생기는 것이다.

_아서 쇼펜하우어Arthur Schopenhauer

지금 그리고 우리가 태어났을 때
우리를 위해 기도하라.

_T. S. 엘리엇Thomas Stearns Eliot

아이들의 감정

두려움 또한 발전 단계를 가지고 있다. 아이들의 감정 발달을 연구하는 사람들은 기쁨, 두려움, 분노와 같은 모든 기본적인 감정들이 혼란스러운 단계를 거치면서 발전한다고 생각한다. 그것들은 유아기와 청소년기를 지나면서 더욱 복잡해진다. 더욱 많은 것들과 관계를 맺으면서 인지 능력에 따라 발전하는 것이다. 기본적인 감정인 흥분과 갈망에서 시작하여 두려움이 점점 복잡해지는 것이다. 생후 9개월에 낯선 것에 대한 두려움이 처음 나타난다. 새로운 것에 대한 이 기본적인 혼란을 알베르 카뮈의《최초의 인간*El primer hombre*》에 나온 두려움과 비교해본다면, 이런 발전 단계를 통해 두려움의 다양한 성질을 확인할 수 있다. 낯선 사람을 보았을 때의 두려움은 부정적인 방식으로 보이는 두려움으로 변화된다. 또 아주 교활한 두려움인 수치심으로 변하기도 한다.

선생님의 도움으로 카뮈는 입학 장학금을 받고 상급학교에 진학한다. 그는 거기에서 다른 계층 출신의 아이들과 만나면서 고립감을 느끼기 시작한다. 그의 친구인 피에르만이 그와 같은 동네 출신이다. 그러면서 그는 수치심을 느끼게 된다.

우리가 받은 인쇄물에 부모님의 직업을 적어야 했다. 그는 가정주부라고 적었다. 피에르는 우체국 직원이라고 적었다. 피에르는 가정주부는 집에서 집안일을 하는 여자를 말하는 것이지 직업이 아니라고 말해주었다. 자크(카뮈의 필명)는 말했다. "아니 우리 엄마는 다른 사람의 집에서 일해서. 집 앞 잡화점 주인 집 같은 곳에서" 피에르가 말했다. "그럼 내 생각에는 가정부라고 적는 것이 맞아" 자크는 한 번도 그렇게 생각해본 적이 없었다. 그 단어는 그의 집안에서 한 번도 사용해보지 않은 것이었기 때문이었다. 또한, 그녀가 다른 사람들을 위해 일을 하는 것이 아니라 자식들을 위해 일하는 것이라고 생각했기 때문이었다. 자크는 그 단어를 쓰다가 갑자기 수치심을 느꼈다. 수치심을 느꼈다는 사실에 대한 수치심을 느낀 것이다.

그때까지는 카뮈는 단지 자기 가족의 시선과 생각만을 알고 있었을 뿐이었다. 그러나 이제는 외부의 시선, 즉 사회적 시선을 알게 되었다. 동시에 엄마의 직업에 대한 무시와 그로 인한 과소평가를 알게 되었다. 그는 자기 마음속의 비참함을 발견하고 두려워한다. 그의 어머니에게 부여된 '가정부'라는 단어는 유감스럽게도 아주 낮은 사회 계층의 지위를 주는 것이었다. 그리고 그녀의 아들은 공식적인 설문지에 그것을 억지로라도 적어야 하는 것이다. 자식들을 위해 열심히 일하는 엄마의 이미지가 형편없는 월급을 받으면서 다른 사람들을 위해 일하는 가난한 여자의 이미지로 바뀌었다. 자크는 잠깐이나마 엄마를 부끄럽게 여겼고, 엄마를 부끄럽게 느낀 것 자체를 스스로 부끄럽게 생각한다.

자크는 이제 막 발견한 고통을 느끼지 않기 위해서 특별한 영웅적인 순수함을 가진 마음이 필요했다. 마찬가지로 자기 자신에게서 찾아낸 수치심을 분노나 부끄러움 없이 받아들이기 위한 겸손함이 필요했다. 그러나 그에게는 전혀 그런 것이 없었다. 오히려 이런 상황에서 그에게 도움이 되지 않는 자존심만 있었다. 설문지에 가정부라는 글자를 분명하게 적고 굳은 얼굴로 담당자에게 가져다주었다. 담당자는 그에게 전혀 관심을 두지 않았다. 이 모든 일에도 불구하고 자크는 가족이나 현재의 상태를 전혀 바꾸고 싶지 않았다. 그의 엄마는 여전히 그가 세상에서 가장 사랑하는 존재였다. 비록 그가 절망적인 마음으로 그녀를 사랑하기는 했지만 말이다. 아무것도 원하지 않으면서도 가난한 아이가 가끔씩 수치심을 느끼는 것을 어떻게 이해할 수 있을까?

나는 유년기에 겪는 더욱 빈번한 두려움들을 다시 검토해보겠다. 그래서 아이가 그의 발전적 과제를 수행하도록 만들어주고 그런 두려움에서 벗어나도록 도울 수 있을 것이다. 거기에는 교육 방법을 더 잘 이해할 수 있도록 도움을 줄 수 있는 병리학적 사례들도 있다. 다음 도표에서 각 나이별 가장 빈번한 두려움을 살펴볼 수 있다.

불안감

성장 단계	일반적인 두려움	관찰
갓난아이 (0~12개월)	도움의 상실 강한 소리 높이 낯선 사람이나 물건 분리(헤어짐) 위협적인 대상(갑자기 나타남)	낯선 사람이나 물건에 대한 두려움은 소심함으로 지속될 수 있다. 분리에 대한 두려움과 더해지지는 않는다. 두 가지 유형의 두려움은 시각장애인 아이들에게 나타났다.
초기 아동기 (12~30개월)	부모와 헤어지기 낯선 사람이나 물건 폭풍우, 바다 작은 동물 곤충	2살경에 부모와의 분리에 대한 두려움이 강화된다. 이 시기에 낯선 사람에 대한 두려움이 나타난다.
미취학기 (30개월~6살)	어둠 일반적인 동물 혼자 있는 것 유령 괴물	유령이나 괴물 등 상상의 것에 대한 두려움이 지배적이다. 사나운 동물에 대한 두려움이 나타난다.
중기 아동기 (6~11살)	초자연적인 사건 육체적 상처 물리적 피해 건강, 죽음 학교	피, 주사기, 상처 등의 유형의 두려움이 두드러진다. 학교에 대한 두려움이 나타난다(학업 성적, 동료, 사회적인 측면들).
전미성년기 (11~13살)	학교 사회 경제 정치 자아상	사회적 두려움과 학교에 대한 두려움이 증가한다. 경제, 정치적인 주제의 두려움이 나타난다. 자아 개념과 관련된 두려움이 나타난다(자기 평가, 개인적 이미지).

불안감은 많은 유형의 두려움과 관련이 있다. 불안감이 많은 아이는 나중에 두려움이나 구체적인 공포증을 앓게 될 가능성이 크다. 초기 아동기에 부모의 행동은 아이들의 경각심 수준을 낮추어줄 수 있다. 일상적인 활동이 또한 아이들을 차분하게 해주고 세상을 예측할 수 있게 해준다.

아이가 조금 더 나이가 들면 어떤 대상에 대해 지나치게 걱정하는 것이 무엇인지 설명해주는 것이 좋다. 학교에 들어가면 아이들은 더 많은 스트레스를 받기 때문에 이 나이에는 불안감이 더욱 강렬하게 나타난다. 돈 휴브너의 《나는 걱정이 많아요 *Me preocupo demasiado*》 같은 책은 몇 가지 기술을 가르쳐준다. 당신은 아이들에게 두려움을 어딘가에 보관하라고 말한다. '두려움을 상자 안에 집어넣어라' 그러면 그 상자는 '걱정의 시간에만 나타날 것이다'. 오로지 그때에만 그것들에 대해 말하고 생각할 수 있다. 그러면 아이들은 그들의 걱정에 관해 말하고 싶은 생각이 없어지고 다른 이야기를 하거나 놀이를 하게 된다. 팰로앨토(스탠퍼드대학교 인근 도시)의 심리학자들은 그것을 '증상에 대한 처방'이라고 부르곤 했다. 울고 싶은 마음이 있으면 정해진 시간에 의무인 것처럼 울어라. 그러면 당신은 마음이 편해지고 그렇게 할 시간을 기다리게 될 것이다. 그러나 우는 것이 의무처럼 변해버리면 그때에는 울고 싶은 마음이 줄어들 것이다. 아이들에게 걱정에 대해 화를 낼 것을 권장해라. 그들에게 걱정은 거짓말쟁이라서 사라져야 한다고 말해주어라. 걱정이 사라지지 않는다 해도 아이들은 다른 곳에 정신을 팔고 편하게 지내는 것을 배우게 된다.

불안감은 여러 가지 방식으로 구체화한다. 그래서 전문가들은 그것이 전염성이 높다고 말한다. 한 아이가 동시에 여러 개의 과다한 두려움과 공포증을 앓을 수 있다. 예를 들어, 불안감은 학교에서 겪는 여러 어려움과 관련이 있다. 그것은 배움에 걸림돌이 될 수 있다. 그것은 배움의 어려움 때문에 일어날 수도 있다. 과다한 활동성과 혼동이 될 수도 있는 불안정성을 일으킬 수도 있다. 성공에 대한 필요성이 너무 크면 학교는 불안감의 원천이 될 수 있다. 디디에 플뢰르는 학습에 가장 방해가 되는 것으로 동기의 부족, 자기비하, 실패에 대한 무관용, 불안감을 지적한다.

어둠에 대한 두려움

어둠에 대한 두려움은 아이가 악몽을 꾸거나 자러 가기를 거부해서 부모들을 지치게 하는 문제이기도 하다. 아이와 함께 자기, 이야기를 해주며 자기 전에 함께 있어 주기, 불을 켜두기 등으로 해결할 수 있다. 2살경에 시작되어 계속 빈번하게 일어나다 9살경에 감소하기 시작한다. 어둠은 다양한 위험과 관련되어 있다. 자러 가는 것은 일종의 벌이 될 수도 있다. 그것이 아이가 좋아하는 활동의 중지를 의미하기 때문이다. 최악의 경우는 꿈이 악몽으로 가득 차 있는 것이다.

두려움을 정상적으로 이겨내기 위해서는 수면 습관을 규칙적으로 하는 것이 좋다. 잠을 자러 가기 위한 규칙에 익숙하게 만드는 것이 좋다. 습관화는 아주 훌륭한 무기다. 아이에게 이야기를 해준다면 흥미로운 것보다는 편안한 것을 선택하는 편이 좋다. 가능하면 지루한 것이 좋다. 감동적인 이야기를 하려고 노력하지 말라.

잠에서 깨게 하는 불쾌한 꿈, 악몽은 어른보다는 아이들에게서 더 빈번하게 일어난다. 악몽은 아이들의 상상력이 강하게 발전해가는 두세 살부터 시작된다. 꿈은 지능 발달 과정에서 만들어진다. 악몽을 꾸고 아이들이 깨어나면 그들을 안아주고 차분하게 달래주며 그것이 나쁜 꿈이라고 설명해주고 다시 잠을 자도록 눕혀준다. 아이들이 깰 수 있으니 긴 설명은 피해야 한다. 악몽을 꾼 아이는 부모와 함께 자기를 원할 수 있다. 그것이 안정감을 주기 때문이다. 아이와 함께 자기를 옹호하는 사람들도 있지만, 대부분의 전문가들은 놀란 아이가 자신의 침대에서 잘 때까지만 함께 있어 줄 것을 권장한다.

특별한 경우가 있는데, 거의 5퍼센트 정도의 아이들이 겪는 수면 공포다. 그것은 극단적인 두려움을 일으킨다. 아이는 눈동자가 확장되고 땀을 많이 흘리며 쇼크 상태에 빠진다. 환각으로 고통받는 것처럼 보인다. 그러나 아이를 깨우지 않는 것이 좋다. 아이의 호흡이 차분해지고 다시 잠이 들 때까지 부드럽게 다독이는 것이 좋다. 아마도 다음 날 아무것도 기억하지 못할 것이다. 유아 수면 전문가 조디 민델 박사는 자신의 책 《밤새 잘 자는 법 *Sleeping through the Night*》에서 이렇게 말한다. "악몽과 수면 공포를 구별하는 간단한 방법이 있다. 다음날 아침에 누가 더 지쳐하는지를 살펴보는 것으로 충분하다. 만약에 아이가 힘들어하면 그것은 악몽이다. 부모가 더 힘들어하면 그것은 수면 공포다". 사실 아이들의 수면 공포는 부모를 매우 놀라게 한다. 아이가 보여주는 모습이 대단히 걱정스럽기 때문이다. 그러나 아이의 건강에는 전혀 문제가 없다. 단지 그것이 너무 빈번하게 연속적으로 발생하면 전문가와 상담할 필요가 있다.

9살경에 어둠에 대한 공포는 자연적으로 사라지기 시작한다. 그러나 가끔은 아주 오래 지속되는 경우도 있다. 용기공장의 회원인 크리스토프 앙드레는 티모시의 사례로 설명해준다.

티모시는 내 친구의 아들로 10살이었다. 내가 두려움에 대한 전문가라는 것을 알고 있었기에 친구는 내게 조언을 구하기 위해 찾아왔다. 티모시는 화도 잘 내고 싸움도 잦은 소년이었지만 어둠에 대한 두려움을 가지고 있었다. 티모시는 불을 끄고 잠을 잘 수 없었다. 그것이 집에서는 문제가 되지 않았지만 친구들의 집에서 잘 때는 문제가 되었다. 그는 아들의 두려움을 고백할 수는 없었다. 티모시는 무엇인가를 가지러 지하실에 가면 겁을 먹었다. 급하게 뛰다가 계단에서 넘어지기도 했다. 티모시는 나와 두려움에 관해 이야기할 때, 어둠 속에서 괴물이나 암살자가 튀어나와 자신을 공격할까봐 두렵다고 말했다. 그런 일은 일어나지 않는다는 것을 알고 있었지만 도움이 되지 않았다. 나는 티모시에게 두려움이 어떻게 작동하는지, 그리고 그것을 어떻게 극복하는지 설명해주었다. 또 지하실의 두려움을 극복하기 위한 작전을 세웠다. 매일 작은 싸움을 하나씩 하기로 했다. 한 달 후에 티모시가 내게 전화를 걸어 알려주었다. 이제는 더는 어둠이 무섭지 않다고. 웃음을 터뜨리며 아버지를 바꾸어주었다. 그의 아버지는 자신도 똑같은 두려움을 가지고 있었다고 말했다.

우리는 앙드레가 사용한 방법을 알고 있다. 그것은 두려움의 대상에 대한 노출이라고 불리는 것으로 행동 방법론에 속하는 것이다. 이따금 두려움은 사라지지 않고 어둠에 대한 공포로 변화한다. 이런 경우가 빈번하지는 않지만 어둠에 대한 두려움이 과다한 생리적, 인지적 반응을 만들어내기도 한다. 생리적인 반응은 땀, 심장의 두근거림, 호흡곤란 같은 것이고, 인지 반응은 불안하게 만드는 때리는 소리나 괴물의 호흡 소리 같은 것을 듣는 것이다. 그것들을 처리하는 방법은 우리가 이미 알고 있다. 평범한 이야기를 하는 것처럼 아이들에게 우리는 모두 두려움을 가지고 있으며 그것과 싸우는 것이 어렵지만 꼭 필요한 일이라는 것을 설명해준다. 아이들을 위험에 노출하고 두려움을 이기면 상을 준다. 어둠에 대한 두려움에 성공적으로 대항했던 아이들에 대한 역사를 말해준다. 기운이 나게 하는 말을 반복하고 이야기책을 읽어주거나 아이에게 도움이 되는 감정적인 이미지를 일깨워주는 놀이를 한다. 마음을 가라앉히는 심호흡을 가르치고 근육을 편안하게 만드는 법을 가르친다.

　이야기를 이용하면 큰 도움이 된다. 이야기는 아이들에게 더욱 편리한 감정적 반응을 가르쳐준다. 그리고 아이들에게 새로운 반응 모델이 된다. 아이들은 이러한 반응 모델을 모방한다. 작은 동물이나 폭풍, 불 등에 두려움을 느낄 때도 유사한 방법을 사용한다.

분리에 대한 두려움

아이가 감정적인 유대감을 느끼는 사람들, 특히 엄마와의 분리는 아이들에게 견디기 힘든 두려움이다. 한 살에서 여섯 살 사이에 빈번하게 일어나는데 특히 두 살에서 세 살 사이에 심하다. 분리의 상황은 다양하다. 어린이집에 가기, 병원에 가기, 부모의 출근 등의 상황이다. 가끔은 부모들이 분리에 대한 두려움을 느껴 아이들에게 전염시키기도 한다.

　7살 수산나는 불안감 때문에 학교에 가길 거부해서 우리 용기공장의 회원인 켄탈 박사를 찾아왔다. 마지막 3개월 동안 그런 두려움이 악화된 상태였다. 수산나는 그녀의 엄마, 아빠에게 나쁜 일이 일어날 수도 있다는 두려움에 사로잡혀 잠도 자지 못하는 상태였다. 구체적으로 아빠가 교통사고를 당한다거나 도둑이 집에 들어와 엄마를 죽인다는 상상을 했다. 학교에 갈 시간이 되면 수산나는 적극적으로 등교를 거부했다. 침대 밑에 숨거나 화장실 안에서 문을 잠그곤 했다. 학교에 도착해서 30분 정도 지나면 진정이 되었다. 그러나 빈번하게 집에 전화해서 엄마가 무사한지 확인해달라고 하거나 집에 가려고 배가 아프다고 거짓말을 했다. 수산나의 엄마는 상점에서, 아빠는 건축 현장에서 일을 했다. 수산나가 학교에 가기 싫어하면 아빠가 그녀를 데리고 일하러 갔다. 그러면 수산나는 아빠가 일하는 8시간 동안 트럭 안에서 지냈다. 수산나의 부모는 밤에 외출을 하지 않았다. 수산나는 다른 사람을 보면 화를 내며 소리를 질렀기 때문이다. 집에 있을 때는 혼자 있지 않기 위해 계속 엄마, 아빠를 따라 이 방 저 방으로 옮겨다녔다. 잠자리에 들면 금방 엄마, 아빠 침대로 와서 여러 가지 이야기를 했다. 꿈에 나타난 괴물 이야기를 하거나 자신이 친구들만큼 영리하지 못한 것에 대한 걱정을 늘어놓았다. 수산나의 가족력을 알아보니, 엄마는 공포 발작의 병력이, 아빠는 우울증이 있었다. 수산나의 오빠도 사회 공포증으로 학교를 그만둔 상태였다.

켄달 박사의 치료법은 '용감한 고양이'라는 프로그램을 기반으로 하는 것이었다. 켄달 박사는 16번의 치료 기간 동안 수산나가 불안감의 신체적 반응을 식별하고 불안한 생각과 싸우도록 격려했다. 수산나는 정면 대응하기 위한 계획을 세우고 실천하면서 불편한 상황에 익숙해지는 과제를 받았다. 그리고 발전이 있으면 보상을 약속했다. 켄달은 그러한 상황을 이미지 트레이닝을 통해 아이에게 제시해준 뒤 훈련을 진행했다. 마지막으로 그녀에게 휴식의 기술과 불안감에 대항할 수 있는 행동의 모델을 가르쳐주었다. 그녀가 잘했을 시에는 상을 주었다.

학교에 가기를 거부하는 것은 '분리의 불안감'의 변형된 형태라고 생각하는 전문가들이 있다. 사실 그럴 수도 있다. 그러나 학교에만 있는 특정한 두려움이 있다. 부모에게서 떨어지는 것 때문이 아닌, 학교 안에 있기 때문에 발생하는 두려움이다. 낙제와 과정의 반복, 친구의 행동 같은 것이 더욱 빈번한 두려움이다. 이것이 학교 공포증으로 발전하는 아이들도 있다. 집에 가고 싶어 하고 두통과 배앓이를 동반하기도 한다. 이는 다시 부정적인 결과로 이어진다. 친구들이 비웃으며 수근댈 것이다. 선생님의 질문에 제대로 답하지 못할 것이며 오줌을 싸고 싶을 것이다. 다른 사람들은 보지 못하는 위협들을 발견하게 된다.

　나는 중학교 1학년 때 왜 프랑스어 선생님을 무서워했는지 그 이유를 알 수가 없다. 그는 친절하고 멋진 사람이어서 나중에 우리는 아주 친해졌는데 말이다. 학습의 어려움은 많은 걱정을 일으킨다. 어떤 아이들은 학습 부진에 대한 두려움 때문에 당황하게 된다. 부아마르는 두려움이 학습 부진에 미치는 영향을 연구했다. 그것은 4단계를 거쳐 나타난다. 첫 번째는 아이가 자신의 능력을 넘어서는 요구에 위협을 느끼는 단계다. 아이는 그것을 절대로 배울 수 없다고 생각한다. 두 번째 단계에서는 실제로 학습 능력을 감소시키는 자기 비하가 나타난다. 세 번째는 더욱 깊고 오래된 두려움이다. 그것은 반복되는 걱정 때문에 발생하는 것이다. 마지막 단계는 두려움이 감소하는 대신 학업 성취를 방해하는 동요가 일어난다.

　이런 학습의 어려움은 학습된 것이다. 이것은 경험의 결과다. 우리는 이 점을 명심해야 한다. 아주 빈번하게 일어나지만 피할 수 있는 것이기 때문이다. 두려움은 실제로 학습 능력을 제한한다. 이것들은 학습된 무능력의 사례다. 교사들은 경각심을 가져야 한다. 아이들은 아주 빈번하게 학교를 나오면서 자신들의 가능성은 생각하지 못한 채 자신들이 쓸모없다는 생각을 하기 때문이다. 이것은 문제에 직면하지 못하는 만성적인 감정을 일으킨다. 수동성과 포기, 굴복으로 이어진다. 그들은 반응의 능력이 부족한 아이들이다.

　가끔 두려움을 느낀다고 아이들을 꾸중하거나 놀리는 부모를 볼 수 있다. 이러한 몰지각한 행동은 아이들의 약점을 키울 뿐이다. 아이가 어떤 감정을 겪고 있을 때 우리가 할 일은 그들의 말을 들어주고 그들에게 일어나고 있는 나쁜 일을 이해하고 있음을 보여주는 것이다. 조언을 해줄 게 아니라 우선 그들을 받아들이고 위로해야 한다. 그리고 그들이 진정했을 때 그것에 관해 이야기를 나누는 것이 좋다. 무엇을 해야 하는지 직접 말하기보다는 그들이 생각하는 해결책이 무엇인지 물어보는 것이 바람직하다. 그렇게 문제에 직면하는 방법을 가르치는 것이다. 그런 대화 속에서 멋진 아이디어가 나온다.

수줍음

용기공장에 내가 초대하고 싶었던 마리아 이네스 몽하스는 유아의 수줍음과 사회적 상호 작용에 어려움을 느끼는 아이들에 관한 연구는 충분히 이루어지지 않았다고 지적한다. 아마도 그것은 부모나 교수들이 그것을 중요한 문제라고 생각하지 않아서일 것이다. 그들은 문제를 일으키지 않는 조용한 아이들이다. 어른들은 두려움이란 나이를 먹으면서 사라지는 것이라고 생각한다. 아니면 그것은 원래 그런 것이라 치료약이 없다고 생각한다. 게다가 부모들 중에는 그들 자신도 수줍은 성격이 많다.

수줍은 아이를 묘사하기는 쉽다. 그들은 친구를 사귀거나 무리와 어울리는 데 어려움을 겪는다. 혼자 있기를 좋아하고 독서와 컴퓨터, 게임기 같은 개인적인 놀이나 활동을 좋아한다. 다른 사람의 판단이나 조롱을 두려워한다. 사람들과 말하는 것을 두려워하고 그래서 점점 더 서투르게 된다. 방어를 잘하지 못해서 친구들이 가끔은 그것을 이용한다. 상호작용을 요구하는 활동은 피한다. 불안한 경향을 가진 아이들이다. 그들은 대단히 내성적인 기질이 있고, 그들에게 새로움, 미지의 것, 변화는 스트레스를 주는 불쾌한 것이다.

우리는 이미 수줍음과 싸우는 방법을 알고 있다. 아이를 과잉보호하지 말아야 한다. 과잉보호는 회피의 행동을 유리하게 만들어준다. 아이의 두려움에 협조하지 말라. 그래서 아이가 평생을 물러나며 살도록 두지 말아라. 아이가 가진 두려움에 관해 설명하려는 시도를 하라. 사교적 능력을 개발하도록 도움을 주어야 한다. 친구들을 집에 초대하게 하고 상호작용을 하도록 격려해주어야 한다. 그들이 이길 수 있는 작은 승리를 맛보게 하고 그것을 칭찬해주어야 한다. 수줍음과 낮은 사교성은 두려움의 항생제인 우정과 동료들과의 바람직한 교제를 아이들에게서 빼앗아간다.

더러운 세상

아이들이 망상에 빠지는 것은 흔한 일이다. 어떤 음식은 먹기를 거부하거나 특정한 일정에 따라 행동하기도 한다. 일반적인 행동이지만 그 정도가 심해지면 강박으로 변할 수도 있다. 이것은 발생 지능이 실행 지능을 접수해버리는 사례 중 하나다. 인구의 2퍼센트 정도가 이런 증상을 겪는다. 주로 8살에서 11살 사이에 나타난다. 여기 한 가지 사례가 있다.

안드레아스는 운동을 좋아하는 여덟 살 살 소년이다. 초등학교 2학년 과정을 잘 보내고 있었다. 그러던 어느 날 안드레아스는 갑자기 깨끗하게 있을 수 없다고 불평하기 시작했다. 부모는 안드레아스의 행동이 어느 토요일 오전에 시작되었다고 말했다. 그는 입을 만한 깨끗한 옷이 없다며 옷 입기를 거부했다. 엄마가 아이의 방에 들어갔을 때 안드레스는 옷장 안의 옷이 모두 더럽다고 바닥에 던지고 있었다. 엄마가 옷을 입으라고 강요하자 울기 시작했다. 그리고는 음식을 거부했다. 또 친한 친구가 공원으로 놀러가자고 해도 공원은 너무 더럽다고 말하면서 거절했다. 증상은 점점 악화되었다. 다른 사람들이 방문하면 그가 돌아갈 때까지 자신의 방에서 나오지도 않았다. 모든 사람이 오염되었다고 생각했기 때문이다. 손을 씻는 데는 45분이나 걸렸다. 통조림으로 된 음식만 먹었고 냅킨으로 감싸고 그것도 조심스럽게 개봉했다.

메릴랜드의 베데스다 정신건강연구소의 수장 스웨도 박사는 이럴 때 우리가 알고 있는 병기 창고 치료법을 권장한다. 불쾌한 경험에 노출시키고 병에 대한 설명을 해주며 상과 벌이 명확한 행동 시스템이다. 어느 정도 나이가 있는 아이들에게는 그들이 강박관념을 가진 것에 대해 비판적인 시각으로 의문을 제기하도록 하여 인지 재구성을 하는 방법이 있다. 예를 들어 치료사가 안드레아스에게 더러운 셔츠를 손끝으로 만지도록 한다. 처음에는 안드레아스가 손을 씻고 싶은 충동을 누르기 힘들지만 습관화되면서 그런 마음이 점점 사라져버린다. 반복된 노출 속에서 안드레스는 손을 안 씻어도 나쁜 일이 일어나지 않는다는 것을 깨닫게 된다. 이런 과정을 통해 사고 구조의 변화를 가져온다. 이 방법이 효과가 없으면 세로토닌 재흡수 차단제라는 약을 써야만 한다.

세로토닌은 신경전달물질, 즉 한 신경 세포에서 다른 신경 세포로 신호를 전달해주는 물질이다. 그런데 신경 세포는 전기선처럼 연결되어 있지 않다. 신경 세포 사이는 공간으로 분리되어 있다. 그 빈 공간을 신호가 넘게 해주는 것이 신경전달물질이다.

세로토닌이 부족해지면 불안감이 증가한다. 이 약품은 세로토닌의 재흡수를 막아 세로토닌의 수준을 높은 상태로 유지하게 해 준다.

말하기의 두려움

말하기 두려움은 1퍼센트 정도의 유아들에게 영향을 미친다. 그 것은 거의 항상 선택적 침묵이다. 아이들은 특정한 장소나 특정한 사람 앞에서 말을 하지 않는다. 침묵이 어떤 경우에는 주의를 끄는 방법이 될 수도 있다. 그러나 대부분의 경우는 그런 상황에서 말을 하는 것이 더 불행한 결과로 이어진다. 나의 오랜 친구가 슬픈 이야기를 들려주었다. 오랜 세월 그의 아버지는 수줍고 무뚝뚝한 사람이었다. 그는 직장에서 돌아오면 방 안에만 있었고 가족과도 대화를 하지 않았으며 주변에 침묵을 강요했다. 토마스만이 했던 말이 생각난다. "천재는 글로 쓴다". 그랬던 그 친구의 아버지가 심각한 병에 걸렸다. 그는 두려움과 고독감을 느꼈다. 그래서 가족들에게 접근하여 전에 없던 대화를 시도했다. 친구는 아버지가 고독감에서 벗어나길 바랐다. 그러나 그가 아버지와 이야기하려 했을 때, 아무 말도 생각나지 않았다. "마치 학생 때 시험 시간에 백지 상태의 시험지를 받아들고 앉아 있는 것과 같았다. 함께 대화를 나눌 수 있는 주제를 여러 가지 던져보았으나 아무런 소용이 없었다". 이전의 습관 때문에 언어를 만들어내는 기능 자체가 마비된 것처럼 보였다.

이 두려움의 기원은 분명해 보인다. 학습의 결과다. 고통에 대한 기억은 다른 상황에서도 고통을 불러온다. 어떤 이성적 추론에도 불구하고 그것은 그 상태를 유지하려는 경향이 있다.

용기의 훈련

내가 앞서 언급한 모든 방법은 두려움이 주는 압박감을 줄이기 위한 것이다. 이와 동시에 우리는 아이가 제6장 '유용한 공구상자'에서 열거한 열 가지 강인함을 훈련을 통해 습득할 수 있도록 도와줘야 한다. 두려움 대응하는 이러한 기술을 통해 아이는 강인함을 배우게 된다. 아이가 두려움을 극복하여 최종적으로 목표로 삼는 것이 무엇인지 정확히 알고, 가능하다면 매 순간 그것을 상기하도록 일깨우는 것이 좋다. 아이들을 위한 워크북,《너의 두려움을 극복하라》에서 몇몇 가능성을 소개한 바 있다.

나는 교육적 의욕이 충만하다는 점에서 포티어스 프로그램 (심리적으로 강인함을 키우고 감정적 난관을 극복하는 프로그램) 에 매우 관심이 많다. 독자 여러분의 인내심을 시험하는 것처럼 들릴지도 모르겠지만, 나는 다시 한 번 용기는 '두려움을 줄임으로써' 또는 '강인함을 증가시킴으로써' 획득할 수 있다는 것을 강조하고 싶다. 포티어스 프로그램을 기획한 사람들은 두 번째 요소에 더 큰 비중을 두고 아이가 감정, 행동 그리고 인지적 강인함을 강화시킬 수 있도록 훈련시킨다. 감정과 행동, 인지가 인격 형성에 영향을 준다고 보는 것이다. 또 포티어스 프로그램에는 우리가 지금까지 보아온 친근한 요소들이 등장하는데, 긴장 완화와 사회적 능력, 인지 재구성, 문제 해결 능력, 자기교육, 결의 등이 그것이다.

용기공장
The Courage Factory

용기공장의 4층에는 유아기 두려움에 관한 치료 전문가들이 있다. 스페인에는 많은 전문가들이 속한 그룹이 하나 있는데, 나는 그들 모두를 초대할 수 있으면 좋겠다고 생각했다. 어떤 전문가는 일반적인 두려움에, 또 다른 전문가는 병리학적 두려움에 몰두했다. 무르시아대학교의 프란치스코 하비에르 멘데스 교수는 《두려워하는 아이와 두려움, 그리고 유아기의 두려움》이라는 책을 썼다. 그리고 다른 저자들과 협력하여 아이들과 청소년을 위한 심리 치료에 관한 책도 썼다. 또 호세 올리바레스와 로사 마리아 베르메호와 함께 두려움의 치료에 대한 글도 썼다. 이 글은 《유아와 청소년의 병리 심리학 안내서》라는 책에 실려 있다.

저자 두려움에 대한 행동 치료는 무엇으로 구성됩니까? 아이가 닭에 대한 두려움을 가지고 있다고 가정해봅시다.

프란치스코 하비에르 멘데스 아이에게 겁을 주는 대상인 닭에 대한 정보를 두려움이 없어질 때까지 알려줍니다. 아이는 아직 대처할 방법을 가지고 있지 않기 때문에 아이가 협력할 수 있도록 조금씩 도움이 될 만한 것들을 도입합니다. 그러기 위해서 다양한 방법을 사용할 수 있습니다. 첫 번째는 두려움의 정도를 줄이는 것입니다. 예를 들어 닭에 대한 정보를 점차 소개하며 그것을 상상하고 지정된 장소에서 경험하도록 말해줍니다. 두 번째는 아이가 닭에 접근할 수 있도록 외부적인 도움을 제공하는 것입니다. 아이를 칭찬하고 용기를 주며 다른 아이들의 적절한 반응을 보여줍니다. 세 번째는 닭과 대응할 수 있도록 아이의 내적 변화를 이끌어냅니다. 긴장 완화와 호흡, 그리고 자동으로 자기 교육을 할 수 있도록 가르칩니다. "무엇을 해야 합니까?", "천천히 심호흡을 하세요". 마지막으로 닭에게 접근하는 행동을 반복해서 시도하도록 아이에게 동기를 부여합니다. 그리고 방어적 반응을 무시하게 합니다. 적절한 행동에는 즉각적으로 상을 주어야 합니다.

저자 상상력을 이용하는 방법이 관심을 끄는군요. 용기공장의 회원인 라사루스는 감정적인 이미지라는 말을 사용합니다. 그것을 말하는 겁니까?

프란치스코 하비에르 멘데스 네. 치료 목적으로 아이에게 이야기 속 영웅들을 이용하는 것이 가능합니다. 이 경우에 불안감을 감소시키는 것은 이야기 속에 나오는 자기 긍정, 자부심, 애정과 기쁨과 같은 긍정적인 감정들입니다. 라사루스는 14살 소년의 사례를 들었습니다. 그 아이에게 긴장 완화를 가르치려는 시도가 번번히 실패했습니다. 그 아이는 2년 전부터 개에 대한 강한 두려움을 가지게 되었습니다. 개와 마주치는 것을 피하기 위해 300미터의 거리를 걸어가지 않고 버스를 두 번이나 타는 방법을 선택했습니다. 이 소년은 자동차 레이서가 되어 '인디애나폴리스 500마일' 대회에 참가하는 것이 꿈이었습니다. 라사루스는 그에게 알파로메오의 운전대를 상상하라고 제안했습니다. "시동을 걸고 총알같이 달려가라. 속도계는 160킬로미터까지 올라간다. 완벽한 통제감을 느끼고 있다. 옆을 획획 지나가는 나무들을 본다. 그 옆에 개 한 마리가 있다(불안감이 느껴지면 손을 들어라)". 마지막으로 아이에게 제시한 이미지는 다음과 같았습니다. "너는 작은 마을의 식당에서 멈춘다. 수십 명의 사람들이 너의 멋진 차를 보려고 모여든다. 너는 자부심이 흘러넘친다. 그때 커다란 개 한 마리가 다가와 너의 발 냄새를 맡는다(불안감이 느껴지면 손을 들어라)".

저자 효과가 있습니까?

프란치스코 하비에르 멘데스 네. 어떤 위협적인 자극이든 아이들의 저항력을 키우기 위해서는 놀이를 이용하는 것이 좋습니다. 나는 불에 대한 공포증을 가진 4살짜리 아이의 사례에 〈달타냥과 삼총사〉(개를 주인공으로 한 삼총사의 애니메이션)의 그림 이미지를 이용했습니다. 여왕의 보석을 찾은 것을 축하하면서 삼총사는 주점에서 파티를 열고 있습니다. 달타냥(상담자)은 용감한 아라미스(아이)에게 배가 고프니 화로의 불을 조절해달라고 부탁합니다. 화력을 최대로 조정할 것을 부탁합니다. 아라미스는 그의 말을 따르지만 불꽃이 살아나자 놀라서 달타냥을 부릅니다. 달타냥은 다시 불을 작게 줄입니다. 그리고 아무 일도 없다는 듯 계속 파티를 이어갑니다. 이번에는 달타냥이 불을 최대한으로 키웁니다. 그리고 아무런 일이 일어나지 않는다는 것을 아라미스에게 보여줍니다. 이번에 아라미스가 달타냥에게 도움을 청하지 않고 불길을 조절하면 상으로 초콜릿 과자를 받게 됩니다. 아이가 불을 최대한 키울 때까지 놀이는 계속 진행됩니다.

저자 우리에게 유아 공포증에 대응하는 법에 대한 분명한 조언을 해주는군요.

프란치스코 하비에르 멘데스 규칙1. 조금씩 조금씩. 두려워하는 상황에 조금씩 노출해야 합니다. 동물 공포증의 경우는 아이가 단계적으로 무서운 동물에게 접근하게 합니다.

규칙2. 갑자기 부딪치기. 급격한 노출은 빠른 두려움의 제거가 필요한 공포증에만 제한적으로 사용됩니다. 학교의 공포는 학생이 즉시 수업에 참여하는 것이 필요합니다.

규칙3. 두려움의 대상에 대한 물리적 특징을 소개합니다.

규칙4. 두려움의 대상에 대한 상징적 의미를 알아봅니다.

규칙5. 외부적 도움. 다양한 도움을 제공해야 용감한 행동이 쉬워집니다. 편안한 공간과 안전 조치, 다양한 정보, 말로 권장하기 등의 도움이 필요합니다.

규칙6. 신경과민을 조절하기. 신경과민을 조절하려면 내적 변화가 필요합니다. 긴장 완화와 차분하게 만드는 상상, 자기 교육 등이 필요합니다.

규칙7. 긍정적 노력. 용감한 행동에 대한 보상이 필요합니다.

규칙8. 반복된 연습. 자주 실행을 합니다.

규칙9. 재발의 예방. 반복을 조장해서 용감한 행동을 굳게 만듭니다.

규칙10. 치료의 신중함. 필요한 도움을 찾아봅니다. 상은 잊지 말고 넉넉하게 주어야 합니다.

마리아 이네스 몽하스는 유아기와 청소년기의 수줍음을 연구해왔다.

마리아 이네스 몽하스 다양한 행동을 구별하는 것이 좋습니다. 아이는 낮은 사회성을 가지고 있을 수도 있습니다. 나머지 모두와 관련을 맺을 필요는 없습니다. 그러면 전혀 불안감을 느끼지 않습니다. 사회성의 부족은 초기 유아기에는 아무런 문제가 되지 않습니다. 그러나 후기 유아기나 청소년기에는 문제가 됩니다. 또 다른 일은 아이가 낮은 사회적 수용성을 가진 경우입니다. 이 경우는 아이가 사회에 합류하기를 원하지만 그것이 잘 이루어지지 않는 것이 문제입니다. 방법을 모르거나 그 집단에 받아들여지지 않기 때문입니다. 마지막으로 진정한 수줍음이 있습니다. 아이는 접근의 욕구와 회피의 욕구를 동시에 가지고 있습니다. 다른 사람들에 대한 두려움 때문에 다른 사람들에게 접근하지 못하는 겁니다. 사실 우리 어른들도 두 가지 형태의 두려움이 있습니다. 미지의 것에 대한 두려움과 평가받는 것에 대한 두려움입니다. 마지막 네 번째 유형은 수동적인 복종 행동입니다. 미켈슨은 이렇게 말했습니다. "아이가 수동적으로 행동할 때는 자신을 표현하지 못하고 마치 쥐처럼 행동합니다. 다른 아이들이 자신에게 해야 할 일을 명령하도록 둡니다. 일반적으로 자신의 권리도 보호하지 않습니다. 자신의 욕구나 의견, 감정은 무시하기 때문에 다른 아이들이 그것을 이용할 수도 있습니다".

저자 사회 공포증이 나타났다는 것을 언제 알 수 있습니까?

마리아 이네스 몽하스 그것은 회피의 행동이나 두려움, 혹은 불안감이 일상 생활을 심각하게 방해할 때입니다. 청소년기를 '위기의 기간'이라고 생각합니다. 사회 공포증은 주로 15세에서 16세 사이에 나타납니다.

저자 그러면 다음 장에서는 청소년기의 두려움에 대해 알아보겠습니다.

내가 마지막으로 초대한 사람은 필립 C. 켄달이다. 그는 템플대학교의 유아 및 청소년의 불안 치료 병원 원장을 맡고 있다. 켄달은 아주 성공적인 불안감 치료 방법을 개발했다. 그것은 '용감한 고양이'라는 이름을 가진 이야기와 워크북을 사용하는 방법이다.

안녕! 내 이름은 용감한 고양이야. 나는 앞으로 몇 주 동안 너와 함께 훈련하며 지낼 거야. 우리는 만날 때마다 함께 활동을 할 예정이야. 같이 잘해보자. 시작하기 전에 나를 소개할게. 나는 1988년 9월 3일에 태어났어. 내게는 남자 형제가 둘, 여자 형제가 셋이 있어. 태어난 지 6주가 되었을 때 나는 아주 다정한 가정에 입양되었지. 그래도 처음 새집에 들어갈 때는 정말로 무서웠어! 오랜 시간 소파 밑에 숨어 있었지. 나는 모든 것이 두려웠어. 그래서 그 가족은 내게 '겁쟁이 고양이'라는 이름을 붙여주었어. 나는 지금도 약간의 두려움은 느끼지만 조절하는 방법을 배웠어. 이제 네가 나에 대한 것을 조금은 알았으니까 우리는 조금씩 더 서로를 알게 될 거야.

이렇게 시작해서 그 방법은 다음의 과정을 따라간다.

1. 감정들 식별하기
2. 두려움이 정상적이라는 생각을 알려주기
3. 두려움을 일으키는 상황들의 순서 만들기
4. 할 수 있는 활동을 지정하기
5. 불안감을 느낄 때의 특정한 신체적 반응에 대해 말하기
6. 긴장 완화 기술

7. 내적 대화에 대해 말하기. 아이가 정면 대응을 할 수 있도록 내적 대화를 사용하고 발전시키도록 가르치기. 자동화된 생각, 즉 내적 대화의 개념을 도입하기. 다양한 인물을 소개하기

   ○ 눈가리개를 하고 걷는 사람: 부정적인 것만 본다.

   ○ 반복하는 사람: 한 번 일어난 일은 영원히 계속된다.

   ○ 회피자: 달려 나간다.

   ○ 생각을 읽는 사람: 모든 사람이 그를 판단한다고 믿는다.

   ○ 일해야만 하는 사람: 가짜 과제에 압도되어 있다.

   ○ 완벽주의자: 일을 완벽하게 해내지 못할까봐 두려워한다.

8. 문제의 해결책에 대한 개념을 말하기

   ○ 문제를 정의한다.

   ○ 선택 가능한 해결책을 고민한다.

   ○ 선택 가능한 해결책을 평가한다.

   ○ 선호하는 해결책을 선택한다.

9. 평가와 자기 보상

10. 가벼운 불안감을 일으키는 상황에서 연습하기

11. 중간 정도의 불안감을 일으키는 상황에서 연습하기

   ○ 상상에서의 노출

   ○ 실제 노출

12. 심한 불안감을 일으키는 상황에서 연습하기

내 아이의
두려움에 관하여 II

—

청소년기

노령화의 나쁜 점은 우리가 아주
나쁜 나이에 도달한다는 것이다.

_엘 로토티 Roto

청소년기에도 같은 일이 발생한다.
아주 나쁜 나이에 도달한다.

_저자

빛나는 전주곡

전주곡에서 나중에 발전하는 주제들이 등장하곤 한다. 앞으로 할 이야기에 대한 요약의 의미로 마리아 메넨데스 폰테의 멋진 글을 옮겨보겠다.

사춘기인 내 딸은 이성에게 끌리는 이 시기에 공포물 전시관에서 나 볼 것 같은 모습으로 살아야 하는 게 정말 불공평하다고 투덜거린다. 미남이건 스타일이 멋지건 다 똑같다. 왜냐하면 모두들 불안감을 느끼고 다양한 편집증이 뒤섞이기 때문이다. 발목이 너무 굵다거나, 손가락이 약간 휘었다거나, 속눈썹이 너무 촘촘하다는 등의 편집증을 보인다. 그것은 호르몬의 횡포다. 결함이 있는 몸에 호르몬 분비로 인한 다양한 결점들이 더해진다. 피부색이 변하고 신체의 특정 부분들이 변화를 보인다. 좋아하는 아이가 500미터 근처에 있으면 손에 땀이 날 만큼 하루 종일 몸에 신경을 써야 한다. 외모에 신경을 쓰지 않으면 언제 친구들로부터 놀림을 당하게 될지 모른다. 우리는 여러 가지 방식으로 자신의 두려움이나 불안감을 숨기려 한다. 그러나 누구에게도 숨길 수가 없다. 우리가 어떻게 두려움을 가지지 않을 수 있는가? 아직 우리는 자신만의 고유한 영토를 가지지 못했기에 자신의 땅을 밟을 수 없는 시기이기도 하다. 지금 우리는 아이도 아니고 어른도 아니다.

사춘기의 신화

사춘기 청소년들에게서 좋은 소식을 듣기는 매우 어렵다. 우리는 사춘기를 재난이라 생각하고 있다. 위기, 고뇌, 우울증, 폭력과 위험한 행동이 산재해 있는 시기다. '도와주세요! 내게 사춘기 아들이 있어요' 이것은 책 제목이면서 집단적인 불평이기도 하다. 그러나 통계 자료는 그렇지 않다는 것을 보여준다. 사춘기 청소년들은 대부분은 가족과 함께 잘 지내고 있다. 그들은 우리의 다양한 문화 영역에서 높은 수준의 만족감을 보여주고 있다. 사춘기 청소년 전문가인 미셸 피제는 사람들이 사춘기를 병처럼 취급한다고 믿는다. 그리고 경제적으로 훌륭한 시장을 구성하기에 상품화되었다고 믿는다. 또 다른 신화는 사춘기 청소년들의 무책임함에 대한 것이다. 사춘기 청소년들은 호르몬의 폭풍에 휘말려서 자신들의 두뇌를 통제할 수 없는 상태에 있고 조금 더 시간이 지나야 그런 통제력을 가지게 된다는 생각이다. 사춘기의 호르몬 변화는 부정할 수 없는 사실이다. 그러나 이 시기에 또 다른 변화가 있다. 사춘기 청소년들의 뇌는 큰 변화를 겪고 더욱 효율적이 된다. 몇 세기 동안은 인간이 학습하기 가장 좋은 나이가 3살이나 4살 정도라는 믿음이 있었다. 이제 우리는 두 번째 배움의 황금기가 사춘기라는 것을 알고 있다. 우리 두뇌의 전두엽의 성숙은 통제 시스템의 성숙과 관련이 있다. 유명한 전문가인 골드버그는 우리 두뇌의 전두엽의 성숙 퇴행은 사춘기 청소년의 무책임함 때문이 아니라 우리의 무책임한 교육 때문일지도 모른다고 말한다. 사춘기는 생물학적인 현상이지만 청소년기는 문화적 개념이라는 것을 잊으면 안 된다. 그것은 아이들이 직업 세계에 들어가기 전에 교육의 기회를 확장하기 위해 사회가 만든 현대적인 개념이다. 수천 년 동안 청소년기는 존재하지 않았다. 통과의례, 성인식은 유아기에서 성인의 삶으로의 이전을 의미하는 것이었다.

일정한 비율의 청소년들이 심리적, 육체적으로 혼란을 겪는 것은 사실이다. 세계보건기구는 아마도 15퍼센트 정도의 청소년들이 여기에 해당한다고 지적한다. 또한 일시적인 문제를 가진 청소년들도 많다. 그것은 가정이나 학교, 사회에서 생리적·심리적 발달에 따라 청소년에게 주어지는 과제가 늘어나기 때문이다. 중등 교육 과정에 들어가면서 많은 청소년들이 학교나 친구, 공부의 체제를 변화시킨다. 그들은 현재를 걱정하지만 한편으로는 미래에 대한 걱정이 시작된다. 초등학교에서 중학교로 올라가는 것은 가짜 진급이다. 학교에서 능숙한 단계에 있다가 초보자의 단계로 변하는 것이기 때문이다. 그들은 더 많은 결정을 해야 하고 그것이 실패에 대한 두려움을 증가시킨다. 환경은 그들에게 더 많은 요구를 하는 방향으로 변해가고 그들의 스트레스가 증가할 가능성이 커진다. 불안감에 대한 심리적 표현인 스트레스는 과다한 부담을 느낌으로써 생겨나는 것이다.

스트레스를 유발하는 한 예로 이른 사춘기에 관한 것이 있다. 어떤 아이는 또래보다 더 빨리 사춘기를 겪는다. 주로 사춘기 초기 여성에게서 나타나는 현상이다. 유아기의 마지막 국면인 초경은 11살 정도에 처음 시작한다. 그것은 사회적인 금기, 수치심, 분노, 감정적 폭발과 같은 상황을 발생시킨다. 초경이 빠른 아이들은 늦은 아이들보다 만족감이 부족하고 감정적 안정성이 부족한 것으로 알려져 있다. 그러나 시간이 지나 서른 살 정도가 되면 상황은 완전히 달라진다. 이른 사춘기를 겪은 사람들은 아주 책임감 있고 감정적으로 안정된 모습을 보여준다. 반면에 사춘기가 늦었던 사람들은 그렇지 못하다.

더욱 빈번한 문제들

사춘기 청소년의 기본적인 문제는 그들의 정체성과 관련이 있다. 자신을 이해하고 스스로에 대한 분명한 생각을 가지게 된다. 미래에 관한 결정을 내리고 자신의 성격이나 능력에 대한 의심을 해결하고 자신의 성적 정체성을 확립할 필요가 있다. 또한 자신의 신체를 받아들여야 한다. 이 시기는 거식증과 같은 음식 섭취의 문제가 자주 발생하는 나이다.

그리고 그들은 부모에게서 독립한다. "나는 더는 아이가 아니에요!"로 시작되는 가장 빈번한 싸움이며 시간과 친구, 집안일 등의 문제다. 즉 자율성의 문제인 것이다. 청소년들은 자기 방에,

자동차에, 컴퓨터에 갇혀 있다. "친구들 외에는 아무것에도 관심이 없어요!" 많은 부모가 불평하는 말이다. 자유가 그들의 문제를 야기한다. 그들은 새로운 영역을 지배하기도 전에 이전의 안정성을 포기해야 한다. 항상 줄이 풀려 있는데 어떻게 안정감을 느낄 수 있겠는가. 그것은 마치 술을 마시러 가야 하는데 곰 인형을 손에서 놓을 수 없는 것과 같은 상황이다. 집에서는 그들을 이해하지 못한다. 그래서 그들은 친구들에게 도움을 구한다.

그러나 거기에서 다른 위험이 나타난다. 이성 친구와의 문제, 또래 무리와 소속의 문제, 성적인 문제, 집단과 자아 정체성 문제 등이다. 어딘가에 속하면서 동시에 독립적이어야 한다. 46~80퍼센트 정도의 청소년에게 스트레스를 주는 일들은 인간관계와 관련이 있다. 그들은 자신이 받아들여지게 만들어야 한다. 그것은 모방해야 함을 의미한다. 그러면 한편으로는 자신이 개성이 있는 것인지, 없는 것인지 알 수 없게 된다.

마지막은 공부다. 학교는 스트레스의 원천이다. 이 나이에는 그들을 괴롭힐 수도 있는 집단에 속해야 하는 경우가 생긴다. 하지만 그들은 아직 그것에 대응하는 방법을 모른다.

일반화된 불안감

청소년들은 성장하며 생기는 도전의 어려움 때문에 불안감을 느낄 수 있다. 피곤이나 무기력감을 느끼는 경우가 많다. 필요한 시간보다 적게 잠을 잔다. 호세 올리바레스, 아나 이사벨 로사, 루이스 호아킨 가르시아 로페스는 일반화된 불안감을 가진 한 청소년 환자를 치료를 하면서 그의 상황을 이렇게 묘사한다. "그것은 내 속 깊은 곳에 있는 어떤 감정이다. 정확하게 그것이 무엇인지는 모르지만 나를 항상 기분 나쁜 상태로 만든다. 나를 불안하게 만들고 나 자신이 되지 못하게 만든다. 처음에는 학교에 있거나 공부할 때, 기분이 나빠지고 불편한 상태가 되어 무엇에도 집중할 수가 없었다. 그러나 이제는 장소나 시간에 상관없이 항상 그런 감정이 일어 잠도 별로 못 자고 악몽을 꾸게 된다". 그는 자신이 공부나 외모, 친구들과의 관계에 대해 또래보다 훨씬 많이 걱정한다는 것을 알고 있었다.

우리는 재교육의 도구들에 대해서 이미 알고 있다. 문제를 분명하게 알고 생리적인 반응을 줄이기 위해서 불안감을 만드는 상황에 노출하는 것이 그런 도구다. 또한 긴장 완화의 방법도 이용한다. 도피에는 벌을, 저항하는 행동에는 상을 준다. 부정적인 생각을 더욱 합리적인 생각이나 신념으로 대체한다.

그런 불안감은 고민의 발작 같은 형태로 나타날 수도 있다. 포메로우 박사는 그런 위기 중 하나를 설명한다. 16살인 아이차는 그것이 항상 오후에 나타난다고 말한다. "나는 방 안에서 공부를 하거나 텔레비전을 보고 있다. 그런데 갑자기 목이 잠기고 배에 압박감을 느낀다. 축축한 열기 같은 것이 나를 덮쳐 질식할 것 같다는 생각이 든다. 입이 마르고 귀가 윙윙거리고 심장이 빨리 뛴다. 내게 재난이 닥칠 거라고 확신한다. 아무 일도 생기지 않을 것이라고 스스로 말하지만 소용없다". 불안감은 다른 두려움을 일으킬 수 있다. 어떤 경우에는 두려움에서 벗어나기 위해 의식을 만들기도 한다. 꼼꼼하게 물건 정리하기, 여러 번 샤워하기, 어떤 활동의 회피 혹은 반복하는 의식이다. 이런 행동은 즉각적으로 불안감을 줄여주지만 장기적으로는 두려움을 유지시킨다. 이러한 위기가 반복되면 전문가와 상담하는 것이 좋다.

나는 누구인가

아이들은 자신의 정체성 때문에 고민한다. 자신이 어떤 사람인지, 그리고 개성이 있는지 걱정한다. 많은 기분의 변화를 경험한다. 다양한 상황에서 다양한 방식으로 행동한다는 것을 스스로 인식하고 있다. 집에서의 자신과 학교에서의 자신, 그리고 친구들과 있을 때의 자신이 다르다는 것을 안다. 이런 다양한 자신을 통합하는 것은 아주 힘든 일이다. 개성은 우연한 것도, 목적지도 아니다. 하나의 투사임을 알려주는 것이 일을 단순화하는 방법이다. 지능이 어떻게 기능하는지 알고 성격과 개성의 차이를 구별함으로써 "나는 원래 이래"하는 함정에 빠지지 않도록 도움을 줄 수 있다. 중요한 것은 내가 어떻게 행동하는가다. 청소년, 특히 남자아이들은 자신이 용감하게 보이지 않을까봐 걱정을 한다. 두려움을 느끼는 것과 비겁하게 행동하는 것은 엄연히 다르다는 것을 설명해주면 이내 많은 걱정이 사라진다. 두려움을 느끼는 것은 위에 궤양이 있는 것과 같다. 귀찮은 것이기는 하지만 도덕적인 문제는 아니다. 내가 할 일은 그것을 치료하는 것이다.

　　이야기를 이어가기 전에 분석에 유용한 개념을 하나 말하고 싶다. 정체성에 관해 이야기하며 '마음속의 나'라는 말을 사용했다. 그것은 나 자신에 대한 생각이고 이것을 '자기 개념'이라고 한다. 우리의 생성 지능 깊은 곳에는 우리가 느끼는 두려움의 많은 부분을 구성하는 그런 이미지가 있다. 심리학 분야에서 가장 혁신적인 연구자 중에 하나인 윌리엄 제임스는 '사회적인 나'라는 말을 쓴다. 그것은 다른 사람들이 나 자신에 관해 내게 주는 생각이다. 생의 마지막 순간에 돈키호테는 아주 감동적인 말을 한다. "나는 내가 누구인지를 안다". 쉽게 내뱉을 수 있는 말이 아니다. 다른 사람들이 내게 돌려주는 '사회적인 나'는 '마음속의 나'의 많은 영역을 침해한다. 다른 사람의 평가에 의존하는 사람들에게는 이러한 평가가 지속적으로 영향을 준다. 그들은 내부가 없는 존재인 것처럼 보인다. 다른 사람의 관심과 시선, 칭찬, 인정이 필요하다. 다른 사람의 판단에 의지할 필요성과 다른 사람의 판단을 버릴 필요성을 조절하는 것은 사회생활에서 가장 얻기 어려운 균형 가운데 하나다.

평가와 거절에 대한 두려움

'사회적인 나'의 압력은 청소년이 느끼는 두려움의 많은 부분을 차지한다. 그들은 인정이 필요하고 거절을 두려워한다. 따라서 평가에 공포감을 느낀다. 게다가 그 나이에는 해석에 편향성이 있다. 청소년들은 항상 관심을 중심에 두고 있다. 세상은 그의 행동에 달려 있다. 장 폴 사르트르는 항상 다른 사람의 시선을 두려워했는데 이를 다음과 같이 강렬하게 표현했다. "타인의 시선은 지옥이다". 그러나 청소년에게는 타인의 시선이 천국일 수도 있다.

많은 동물들이 눈을 두려워한다. 눈은 다른 생명체의 신호이기 때문이다. 나비는 포식자들을 놀라게 하려고 날개에 눈 모양의 무늬를 가지게 되었다. 인간은 눈 뒤에 판단을 하는 주관성이 있다. 그 평가를 시작으로 받아들이거나 거절한다. 좋아하거나 싫어한다. 받아들여지는 것이 필요할 때, 그러한 시선은 공기 중에 남아 있는 영원한 문장과도 같은 것이 되어 사람들에게 겁을 준다. 이러한 경우 자신의 정체성은 안에서 밖으로 구성되는 것이 아니라 밖에서 안으로 구성되는 것이다. 나처럼 보이는 것이 내가 되는 것이다. '외적인 나'에게 '내적인 나'의 영지를 내어줄 때마다 타인의 시선에 대한 취약성이 드러나는 것이다.

얼굴을 붉히는 것에 대한 두려움

이런 취약성의 상황은 생물학적 격발을 일으킨다. 타인의 시선 앞에서, 혹은 가상의 기대감 앞에서 고민의 흔적을 모두 보여주는 표현이 될 수 있다. 이와 같은 생물학적인 표현이 나타날 가능성은 두려움에 불을 붙일 거대한 연료가 될 수도 있다.

눈에 드러나는 현상 중 하나는 홍조다. 홍조의 생리적 구조는 명백하다. 모든 경고의 상황은 교감의 시스템을 활성화시킨다. 도망과 싸움을 결정하는 메커니즘 속에서 피의 흐름이 재분배된다. 이런 혈액의 순환이 어떤 사람들에게는 표면 모세관의 흐름 속에 나타나는데 이것이 홍조다. 이런 현상은 어떤 사람들에게 겁을 준다. 그들은 타인의 시선에 옷을 벗은 것처럼 느낀다. 이 같은 상황을 겪는 사람의 취약성은 아이들 사이에 잘 알려져 있다. 누군가에게 "얼굴이 빨개졌다!"라고 말하는 것은 그 사람을 조롱하는 것이다.

이 문제에 대한 두 개의 단어가 있다. 홍색증은 얼굴이 쉽게 붉어지는 증상이다. 홍색 공포증은 붉어지는 것에 대한 집착적 고통이다. 20세기의 위대한 극작가 테네시 윌리엄스는 그러한 인간적 약점에 관해 이렇게 썼다. "나는 아무 이유 없이 얼굴이 붉어지기 시작한 정확한 순간을 기억하고 있다. 기하학 수업 시간이었다. 수업 시간에 아주 예쁜 소녀 하나가 나의 눈을 쳐다보았다. 그 순간 나는 얼굴이 붉어지는 것을 느꼈다. 그녀를 두 번째 보았을 때 내 얼굴은 더 붉어졌다. '내가 다른 사람과 시선이 마주칠 때마다 이러면 어떻게 하지?' 내가 그 악몽 같은 장면을 생각하자마자 그것은 현실이 되었다. 그 순간부터 오랜 세월 동안 누군가가 나의 눈을 쳐다보면 나는 얼굴이 붉어졌다".

자기 비하의 과정

자신의 신체 이미지에 대한 걱정은 남성과 여성 청소년 모두에게 해를 끼친다. 바르셀로나의 청소년을 대상으로 한 연구에서 청소년의 70퍼센트가 자신의 몸 일부분에 만족하지 못한다고 답한다. 남자들의 경우, 나이가 들수록 그 비율이 약간 줄어들었다. 그러나 자신이 사랑받거나 소중하게 여겨질 수 없다고 스스로 낙인을 찍어버린 사람들이 있다. 실생활에서 그것을 입증할 가능성이 그들에게 아주 고통스럽기 때문에 그들은 도망을 간다. 카프카의 끔찍한 글 하나를 소개하겠다.

대략 그런 식이다. 숲속 동물인 나는 숲 밖을 나가본 적이 거의 없었다. 나는 혐오스러운 동굴에 누워 있었다. 당연히 동굴은 내가 거기에 있어서 혐오스러운 것이었다. 그때 난 당신을 보았다. 밖에 있는 모습을 보았다. 내가 한 번도 생각해본 적이 없는 아름다운 모습이었다. 나는 모든 것을 잊었다. 나 자신도 잊었다. 나는 몸을 일으켜 당신에게 다가갔다. 나는 틀림없이 이 새로운 자유를 갈망했다. 나는 당신에게 더 접근했다. 당신은 너무나도 훌륭했다! 나는 마치 그래야만 하는 것처럼 당신의 발밑에 웅크렸다. 내 얼굴을 당신 손에 비비며 나는 행운아라고 생각했다. 아주 만족스럽고 아주 자유롭고 아주 강력한 기쁨을 느꼈다. 그러나 내 마음 깊은 곳에서는 '나는 숲에 속한 가엾은 동물'이라는 목소리가 들렸다. 당신의 은혜가 아니라면 이렇게 자유로운 공기 속에서 살지도 못했다. 나도 모르게 당신의 눈동자에서 나의 운명을 읽었다. 이런 행복은 계속될 수 없다. 당신은 달콤한 손으로 나를 쓰다듬어줄 때 나에게 주목해야만 했다. 이제 나에게는 어둠 속으로 돌아가는 것

외에는 방법이 없었다. 태양을 견딜 수가 없었다. 길을 잃은 동물처럼 헤매다녔다. 나는 이런 생각을 하면서 달리기 시작했다. "그녀를 데려갈 수 있다면 좋을텐데!", "그녀가 있는 곳에는 어둠이 있을까?", "당신은 내가 어떻게 사는지를 물어보았던가?" 나는 이렇게 산다.

디디에 플뢰르는 아이들과 청소년들의 자기 비하의 감정을 연구했다. 그들은 일련의 병적인 믿음을 가지고 있다. 아론 베크는 우리에게 청소년기의 자기 비하를 설명해준다.

① 그들은 전부가 아니면 아무 것도 아니라고 생각한다. "나는 최악이야", "모두들 나를 미쳤다고 생각해", "절대로 나를 좋아하지 않아", "항상 나를 놀려". ② 그들은 지나치게 일반화한다. 특정한 사건에서 보편적인 일반화를 이끌어낸다. 누군가가 그들에게 잘못하면 모든 사람이 그렇게 할 것이라는 결론을 내린다. ③ 정신적으로 부정적인 필터를 유지한다. 그래서 나쁜 일만 기억하게 한다. 이것은 우리 기억의 함정이다. 내가 가진 감정의 상태에 상응하는 일만을 기억한다. 내가 우울해 하면 우울한 상황만 일어난다. 열패감을 느낀다면 기억은 이전의 모든 실패를 떠올리게 한다. ④ 좋은 경험은 모두 무시한다. ⑤ 다른 사람들이 그들에 관해 생각하는 것을 알고 있다고 믿게 한다. "나는 모든 동료가 나를 비웃는다고 확신한다", "바네사는 나와 미리 마주치기가 싫어서 오늘 지각을 했다". ⑥ 재난에 대한 예언. "틀림없이 들

어가다 넘어질 거야", "그를 보면 분명 얼굴이 붉어질 거야".

이제 우리는 이와 같은 가짜 믿음을 버리는 것이 중요하다는 것을 안다. 그것들을 비판하고 권한을 제거하고 인지를 재구성해야 한다. 청소년에게 그들의 선입견이 근거가 없는 것임을 알 수 있도록 경험에 호소하는 것이 좋다. 특히 사회적 관계에서 나오는 모든 종류의 두려움을 줄이기 위해서는 나머지 사람들의 의견에 굴복하는 경우를 줄이는 것이 좋다. 우리는 그들의 허락을 받을 필요가 없다. 우리는 모든 사람을 만족시킬 의무가 없다. 다른 사람들 앞에서 단호하게 행동해야 한다. 그들을 공평하게 대하고 그들에게 항복해서는 안 된다.

수줍음과 사회 공포증

청소년기는 사회 공포증의 출현에 중요한 시기다. 사회 공포증이 나타나는 나이는 15살에서 20살 사이다. 그러나 3분의 1 정도의 사례는 10살 이전에 시작된다. 수줍어하는 사람은 평가받기를 두려워한다. 부끄러움을 보여주는 특유의 동작인 '고개 숙이기'로 다른 사람의 시선을 피한다. 이런 사람들은 모든 부정적인 정보는 예리하게 받아들이고 긍정적인 것은 무시하기 때문에 문제는 심각해진다.

내 이름은 후안, 스물네 살이다. 나는 어렸을 때부터 다른 사람들의 의견에 의존했다. 그러면서 나 자신에 대한 깊은 수치심을 느꼈다. 하루는 수업 시간에 하나의 주제에 대해 발표를 해야만 했다. 나는 다른 것을 생각할 수가 없었다. 나는 한기를 느꼈고, 땀이 나면서 가슴이 답답했다. 나는 맥주를 몇 잔 마셨다. 그러나 그것은 사정을 더 악화시켰다. 이후 나는 하루도 두려움을 느끼지 않은 적이 없다.

일반화된 사회 공포증을 앓는 사람들은 다른 사람들의 의견에 대한 부모의 과도한 걱정, 많은 소외 상태, 적은 가족 사교성을 가지는 것으로 알려졌다. 이 문제에 대한 치료에서는 우리가 알고 있는 도구들을 사용해야만 한다.

사회적 능력을 키우는 훈련
긴장 완화 훈련
사회 공포증에 대한 노출과 무감각화
행위 인지 치료: 인지 재구성, 합리적 감정 치료, 자기 교육

수줍음과 사회 공포증의 가장 위험한 결과는 두려움에 대처하는 데 가장 효율적인 자원인 우정을 박탈한다는 것이다. 청소년이 자신의 감정적인 문제를 부모님이나 선생님과 의논하기는 어렵다. 그러나 친구들과는 쉽게 이야기한다. 이것은 중요한 학습의 원천이다. 소외된 청소년은 많은 두려움에 쉽게 사로잡힌다.

최근에 우리는 학교 폭력의 많은 사례를 보고 있다. 이것은 두려움의 음험한 기제를 보여주는 상황이다. 그 구조는 여러 상황에서 반복된다. 한 무리의 친구들이 한 아이를 조롱하고, 모욕을 주고, 때리고, 위협한다. 당연히 희생자는 두려움을 느끼지만 무엇을 해야 할지 모른다. 그들에 대항할 엄두도 내지 못 한다. 선생님과 부모님에게는 말할 생각도 못 한다. 희생자가 가진 얼마 안 되는 자원을 소모하면서도 얻는 것은 수치심뿐이기 때문이다. 그 자신도 스스로 문제를 해결할 줄 알아야 한다고 느낀다. 모두 그가 강해지기를 기다린다는 생각을 하면 오히려 무기력해진다. 괴롭히는 이는 그의 같은 반 학생이 그의 주변에 있는 또래의 아이들이다. 그가 방어 능력이 없고 약하기 때문에 괴롭힘을 당하는 것이다. 그러니까 그가 잘못한 것이다. 희생자는 자신이 혼자라고 느낀다. 학교 폭력을 다루는 기관에서는 이렇게 말한다. "침묵 속에서 고통받지 마세요". 학교 폭력을 행사하는 아이들이 가지는 중요한 특징 중 하나는 그들이 권력을 사용하는 방법을 안다는 것이다. 많은 아이들이 교사에 의해 희생자로 분류되지만 그들은 사회적 고립, 회피, 불안감, 금지와 같은 상황을 겪는다. 이것들은 친구들과의 관계에 지속적으로 영향을 미친다. 길마틴에 의하면 수줍은 성격의 사람 가운데 약 88퍼센트가 유아기나 청소년기에 친구로부터 위협을 받았던 것으로 기억했다. 걱정은 희생자의 모든 관심을 흡수해 아무것도 생각할 수 없게 만든다. 밤마다 해결책을 생각해보지만 모두 엉터리 해결책들뿐이다. 그들은 몽상으로 도피한다. 영화에서처럼 모퉁이에서 그들 중 하나를 기다렸다가 야구 배트로 때리는 식의 상상이다. 그러나 두려움으로 인해 잘못된 행동이 나타나기도 한다. 미국에서는 종종 학교 폭력의 희생자가 가해자 학생에게 총을 쏘는 사건이 일어난다. 하지만 대부분의 희생자는 가해자가 폭력을 중단할 때마다 감사하는 마음을 느낀다. '희생자의 감사'라는 것인데, 고통을 받지 않는 것을 상이라고 생각하는 것이다. 희생자들은 앙심을 품게 되고 학교에 가는 것을 두려워하며 꾀병을 앓는다. 가해자들은 이런 상황을 '승리'라고 생각하고 자신의 행동을 강화한다. 이들은 언제나 강자들이다. 희생자들의 비극적인 상황을 아무에게도 말하려 들지 않는다. 당신은 이 경우에 어떻게 하겠는가?

공격성과 그것을 통제하는 것에 관한 글은 많다. 그러나 나는 이 책에서 희생자에 대해 말하고 싶다. 희생자는 무엇을 할 수 있는가? 상황에 대해 스스로 자책하는 희생자들이 있다. 그들은 자신이 스스로 방어할 능력을 갖춰야 한다고 생각한다. 그들은 두려움을 개인적인 실패로 여긴다. 두려움이 그들 자신의 확신을 감소시키고 탈출을 어렵게 만드는 것이라고 생각한다. 최상의 해결책은 도움을 구하는 것이다. 그런 상황에서 상처를 입지 않고 빠져 나오는 것은 매우 어려운 일이다. '위험 앞에서 나 홀로'는 멋진 영화 제목일 수는 있지만 그런 상황은 매우 위험하다. 자신의 힘을 벗어나는 문제에 직면했을 때는 도움을 요청하는 것이 현명한 행동임을 아이들에게 알려주는 것이 좋다. 그것이 훌륭한 대응의 전략임을 그들에게 가르쳐주어야 한다. 두려움을 진정시키고 용기의 훈련을 시작해야 한다.

마지막 몇 가지 조언

이 긴 글을 마무리하면서 나는 여러분에게 두려움에 대항하는 몇 가지 조언을 해주고 싶다.

① 친구인 두려움과 적인 두려움을 구별해야만 한다.

② 우리의 힘을 약화시키려는 두려움의 교활한 함정은 우리를 그들과 동일시하고 수치심을 느끼게 하는 것이다. 그것이 우리를 침묵과 비밀주의로 묶어 놓아 도움을 요청하는 것을 방해한다.

③ 적인 두려움과 전쟁을 선포해야 한다. 두려움이 나의 내적 영역에 침입했기 때문이다. 두려움은 갈수록 강해질 것이다. 두려움의 전략은 소모의 전략이기 때문이다. 두려움의 친구는 수동성이고 여러 가지 모습으로 위장하고 있다. 포기와 무기력, 좌절, 도피, 가짜 호전, 대항하기를 미루는 지연 같은 것이 그것이다.

④ 적과 그의 친구를 알아야 한다. 두려움은 주관적인 요소인 나와 객관적인 요소인 나의 환경의 상호 작용에서 나타나는 교환 현상이다. 따라서 적은 나의 내부와 외부에 존재한다. 전문가들은 매일 기록할 것을 권장한다. 두려움의 종류, 두려움에 대한 반응, 두려움이 나타나는 환경을 적는 것이다. 공포의 발작 증

세를 잃는 사람은 그 문제를 해결하기 위해 그 증상에 대해 알아야 한다.

⑤ 적에게 협력하지 않아야 한다. 두려움은 암처럼 나를 공격하고 부패시키는 것이다. 그것에 협력해서는 안 된다. 회피는 순간적으로 나를 편안하게 하지만 결국 침략을 강화한다. 내가 피해야 할 것은 적의 목소리가 나의 목소리를 덮어버리는 것이다.

⑥ 나를 강화한다. 이것은 전쟁이니까 나를 군인처럼 훈련시켜야 한다. 내 정신의 칼날을 갈아야 한다. 그러기 위해서 우선 내 몸을 보살펴야 한다. 운동은 그것을 활성화하는 방법이고 불안감이나 우울증에 대한 항생제다. 운동은 신체를 강화하고 몸의 불쾌한 신호에 대한 내성을 강화한다. 초조해 하는 사람들의 주요 특징 중 하나는 그들이 신체의 감각에 대해 지나치게 신경을 쓰고 몸의 상태를 과장하여 해석하는 것이라는 점을 잊으면 안 된다. 운동은 자신의 몸에서 다른 관계를 일으킨다. 예를 들면 피로감 같은 것이다. 불행하게도 마음이 불안한 사람은 신체 활동을 피하는 경향이 있다. 또 나의 신념들을 검토해봐야 한다. 혹시 그것이 병의 원인인지 확인한다. 마지막으로 사회적 능력을 배우고 좋은 것들을 즐길 수 있어야 한다.

⑦ 신념을 변화시켜 적을 약화시켜야 한다.

⑧ 실패가 실패의 상태에 계속 머무르는 것이 아님을 생각해야 한다.

⑨ 친구나 전문가, 행동 모델, 좋은 환경, 훌륭한 가치와 같

은 우호적인 동맹군을 찾아야 한다.

⑩ 훌륭한 가치들과 타협해야 한다. 의무감은 혼란스런 상황에서 우리를 구해주는 안내자다.

용기공장
The Courage Factory

나는 용기공장 사무실에서 로버트 브룩스와 이야기를 나누었다. 그는
《회복탄력성이 있는 아이로 키우기》라는 책을 쓰기도 했다.

로버트 브룩스 대부분의 부모가 자신의 아이들에게 바라는 것
은 그들의 행복, 학교에서의 성공, 삶에 대한 만족, 견고한 우정 등입
니다. 그런 부모의 희망이 실현 되기 위해서는 우리의 아이들이 매일
만나게 되는 도전들에 대응할 내적 능력을 갖추어야 합니다. 경쟁력
있게 느끼고 행동하는 그 능력을 우리는 '회복력'이라고 부릅니다.
우리는 모두 그것이 매우 중요하다는 것을 알고 있습니다. 그러나 얼
마 전까지는 아무도 우리에게 '회복력'을 습득하는 방법을 가르쳐주
지 않았습니다.

저자 회복력은 주로 강한 스트레스를 받는 상황에 적용됩니다.

로버트 브룩스 이제 우리는 그것을 모든 아이에게 적용해야
한다는 것을 알고 있습니다. 우리는 회복력이라는 개념이 아이를 양

육하는 한 과정을 정의하는 것으로 믿고 있습니다. 그래서 부모의 역할은 매우 중요합니다. 우리는 아이들의 회복력에 도움이 되는 것들을 연구해왔습니다. 공감하기, 효과적으로 의사소통하고 능동적으로 듣기, 부정적인 시나리오를 긍정적으로 변화시키기, 아이들이 자신이 특별하다고 느낄 수 있도록 사랑하기, 있는 그대로 우리 아이들을 받아들이기, 아이들이 성공의 경험을 가질 수 있도록 도와주기, 아이들에게 실수는 배울 수 있는 것에 대한 경험이라는 것을 인식하도록 만들기, 아이들에게 문제를 해결하고 결정하는 법 가르치기, 자기 훈련과 자기 평가를 촉진하는 훈련 등을 통해서 말입니다.

저자 마지막 내용을 다시 설명해주십시오.

로버트 브룩스 제가 속한 병원이나 세미나 그룹에서 여러 부모님들이 자주 훈련에 관해 물어봅니다. 아이들이 회복력을 키우는 데 훈련은 매우 중요한 요소입니다. 일종의 교육 과정이라고 이해하면 됩니다. 훈련은 자기 평가와 자기 통제, 회복력을 키워주지만 잘못된 방법으로 진행하면 원치 않는 결과를 얻을 수도 있습니다. 올바른 훈련 방법은 확실한 환경을 만들어주는 것입니다. 그리고 아이에게 자기 통제와 자기 훈련을 강화할 수 있도록 돕는 것입니다. 그것은 자기 행동의 주인이 된다는 의미를 포함하고 있습니다.

저자 어떻게 배울 수 있습니까?

로버트 브룩스 훈련을 통해 우리는 두 가지를 가르치려 합니다. 첫 번째는 아이가 규칙과 한계, 결과를 배우는 것입니다. 두 번째는 아이들이 스스로 자기 훈련이나 자기 통제를 할 수 있는 힘을 키우는 것입니다. 골먼은 자기 훈련을 감정 지능의 열쇠 중 하나로 생각합니다.

회복탄력성 있는 아이로 교육하기 위한 훈련의 원칙들

① 훈련의 기본적인 방법은 자기 훈련과 자기 통제를 촉진하는 것이다.

② 예방이 중요하다.

③ 엄마와 아빠가 팀처럼 일치해서 행동하는 것이 필요하다.

④ 지속성을 가져야 한다.

⑤ 합리적인 모델을 제시해야 한다.

⑥ 싸움터를 신중하게 선택한다. 로스 그린이 지적하는 것처럼 부모는 위험이 내포된 행동에 더 많은 에너지를 쏟아야 한다. 덜 중요한 행동에 신경 쓰는 것은 스트레스를 증가시킬 뿐이다.

⑦ 가능하다면 항상 논리적이어야 한다.

⑧ 아이들의 능력을 정확히 알아야 한다. 현실적이지 않은 기대감으로 아이에게 벌을 주어서는 안 된다.

⑨ 긍정적인 반응과 격려가 훈련의 가장 강력한 방법이라는 것을 기억해야 한다.

우리는 타인의 경험을 살피고 모방할 만한 것들이 있는지 살핀다. 나는 몇 가지 흥미로운 경험들을 알려줄 계획이다.

하나는 팅커링학교다. 팅커링은 컴퓨터 전문가인 기버 툴리가 설립한 학교다. 그는 《위험하지만 아이들이 하도록 두어야만 하는 50가지 일들》이라는 아주 재미있는 책을 쓰기도 했다. 그는 우리가 아이들을 지나치게 보호하기 때문에 아이들이 배워야만 하는 일들을 배우지 못한다고 생각한다. 시골에 사는 아이라면 모두 나무에 올라가고, 웅덩이에 뛰어들고, 도마뱀이나 물고기를 잡고, 소의 젖을 짜고, 농기계를 다뤄본다. 팅커링학교에서는 아이들에게 용기를 가지고 여러 가지 일을 해보도록 권장한다. 툴리는 이렇게 설명한다. "나는 우리가 실제 생활에서 어려운 문제에 접근하는 방법을 통해 경쟁력을 측정한다. 능력 있는 사람은 문제의 맥락에서 검토하고, 장비와 재료를 찾는다. 가능한 해결책을 생각해보고 간단한 시험을 통해 평가하면서 해결책을 찾아간다. 아이들에게 절대로 위험한 일을 못 하게 하면서 어떻게 우리는 아이들이 위험한 일과 안전한 일을 구분하도록 가르칠 수가 있는가?" 이 50가지의 해야만 하는 일 중에는 나무에 올라가기, 들판에서 잠자기, 전기를 느끼기 위해 건전지에 혓바닥 대기, 거리에서 멋진 장면 연출하기 등이 포함되어 있다.

두 번째는 기린 프로젝트라는 운동이다. 미국의 여성 작가인 앤 메드록은 누군가를 도와주고 변화를 주도하여 문제의 극복 사례를 보여준 평범한 사람들을 기념하고 이를 알리기 위해서 이 운동을 시작했다. 그녀는 이 기린들(공공의 이익을 위해 목을 길게 늘인 사람들)의 역사를 알리기로 했다. 그리고 학교에서 사용할 교재로 만들었다. 용감한 개인들에 관한 역사를 통해서 가치와 시민 정신을 가르치도록 설계했다. 프로그램은 3단계를 거친다. 역사 듣기, 역사 말하기, 역사적 사건을 실제 지역 문제에 적용해보기 등의 3단계다. 여기에서 그러한 사례들을 옮겨보겠다.

① 키드 어쓰 12살의 남자아이가 지구온난화에 대항해 싸운다. 지구온난화와 싸움을 하기에는 나이가 너무 어리다고 생각하겠지만, 소년은 자신이 충분히 다른 사람들이 이 문제에 대한 의식을 가지도록 일깨울 수 있다고 생각한다. 그래서 소년은 말한다. "이 세상의 모든 나이대의 사람들이 함께 행동한다면 우리는 지구를 구할 수 있다". 그는 노래를 하나 작곡했다. 그리고 모든 대륙의 아이들에게 그 노래를 함께 부르자고 부탁한다. 유튜브에는 과테말라, 에티오피아, 프랑스, 베네수엘라, 보스와나, 러시아 등 여러 나라 아이들의 비디오가 있다.

② 제임스 에일 제임스는 여덟 살 때 교통사고로 친구를 잃었다. 제임스는 시청 앞에서 아이들이 안전하게 놀 수 있는 공원을 만들어 달라는 시위를 시작했고 결국 성공했다. 제임스는 여름 한 철을 꼬박 매주 40시간을 할애해서 지역 담당자들에게 전화를 걸고 편지를 썼다. 결국 제임스는 시장 사무실에 가방 한 개와 서명된 편지 한 장을 들고 나타났다. 드디어 그의 노력은 결실을 거두었고 새로운 공원이 생겼다. 시장은 제임스야말로 많은 어른들에게 어떻게 하면 지방 정부에게 압력을 행사 수 있는지를 보여주었다고 말했다.

③ 엘렌 비거 플로리다에 사는 한 소녀가, "마약 없는 집"이라는 캠페인을 시작했다. 11살 엘렌은 자신이 속한 걸스카우트 대장이 마약중독자에게 살해당했다는 소식을 들었다. 그때부터 엘렌은 마약에 경각심을 불러일으키는 캠페인을 시작했다. 친구들의 비난과 놀림을 감수해야 했을 뿐만 아니라 보모 일을 해서 번 용돈을 모두 캠페인에 사용했다. 엘렌은 4만 장이 넘는 소책자를 사람들에게 나눠주었다. 거기에는 모든 가족 구성원들이 서명해야 하는 약속들과 자신이 직접 만든 십계명까지 포함되어 있었다. 또한 캠페인 티셔츠를 만들고, 관련 기관에 이메일도 보냈다. 엘렌은 'Youth Wish'라는 NGO를 직접 설립하여 자신처럼 사회적 프로젝트를 시도하는 아이들을 도와주었다.

④ 영국의 안네 프랭크 신탁 이 프로젝트는 아이들에게 단 하루 영국의 총리가 될 수 있다면 무엇을 할지 아이디어를 제안받는 것이다. 아이들은 박애주의적이며 관대하고 사회적인 행동에 대해 생각해볼 기회를 갖는다. 가장 훌륭한 정책을 제안한 사람은 영국 총리와 만나게 된다. 이 프로젝트를 알리기 위해서 모든 참가자들이 데이비드 캐머론 총리의 가면을 쓰고 있는 홍보 비디오를 만들기도 했다.

이스라엘에는 용기학원이 있는데, 전 세계적으로 직장에서 용기의
가치를 옹호하는 가입자 네트워크를 가지고 있다. 이 학원은 다음과
같이 주장한다. "용기는 당신이 알고 있는 그런 것이 아니다. 용기는
당신이 하는 일과 당신이 성취한 일들에 반영되어 있다"고 말이다.
용기학원의 설립자, 메롬 크레인은 효율 높은 노동력은 지속적으로
다음 다섯 가지 핵심 능력을 보이는데, 이러한 능력을 갖춘 조직은
새로운 도전에 잘 대처하고 이전에는 경험하지 못한 문제들을 해결
하게 해준다고 설명한다.

①진실을 말하고 듣는 솔직함과 정직함

②높고, 숭고하며 대담한 목표를 추구하는 결단력

③믿음, 의욕 그리고 낙관주의의 영감을 주는 의지

④새로운 지식과 그것을 견고하게 하려는 엄격함

⑤관계를 시작하고, 약속하는 데 나를 거는 담대함

용기는 항상 스포츠와 밀접하게 연결되어왔다. 오스트레일리아의
호신술학교에서는 동양 무술이 "성격 형성에 도움을 주고 자기 통제
력을 강화하며 장애물과 역경을 헤쳐나가는 용기를 가르친다"라고
확언한다. 미국 수영코치협회에 따르면 수영도 마찬가지다. 수영 선
수들은 자신의 용기를 (이기거나 또는 지면서) 몸으로 증명할 기회를
얻는다. 그리고 "용기는 진보하는 특징을 가지고 있으며 수영을 통
해 더 많이 발전할 수 있다"고 말한다.

내가 아는 12세 이하 유소년 축구 코치는 시즌이 시작할 때마다 아이들에게 질문을 한다. "용기란 무엇인가?" 주로 나오는 대답은 "두려워하지 않는 거요"다. 그러면 코치는 아이들의 대답을 바로잡아준다. "용기는 무서워도 너희가 해야 하는 일을 하는 거다. 두려워하는 건 괜찮다. 하지만 너희가 해야 할 일을 안 하는 건 괜찮지 않다".

에필로그 _ 용기, 스스로 행동하는 자유

몇 년 전 내가 지능에 관한 완전한 이론은 신경학에서 시작해서 윤리에서 끝내야 한다고 말하기 시작했을 때, 많은 심리학자들은 냉소적인 표정으로 눈썹을 치켰다. 그리고 내가 나사를 좀 더 조여, 지능에 관한 최고의 표현은 '선량함'이라고 말했을 때 그들은 내 말을 창문 밖으로 던져버렸다. 나는 그들이 왜 내 말을 이해 못하는지 알 수가 없었다. 윤리적 행동은 지능과 전혀 상관이 없어 보인다. 악당은 아주 지능적일 수 있다. 오히려 악행이 선행보다 더 특별한 지능을 요구하기도 한다. 그러나 다행히 최근 들어 지능에 대한 개념이 바뀌었다.

이제 지능은 인지 메커니즘에 불과한 것이 아니라 행동의 문제들을 해결할 책임을 지고 있는 집행적 메커니즘으로 간주된다. 나는 두려움과 용기라는 광활한 초원을 여러분과 함께 여행하며 나의 오래된 견해를 다시 한 번 확인할 수 있었다. 두려움은 인간이 동물들과 함께 공유하는 감정이다. 그러나 용기는 인간만의 대처 방법이다. 한 걸음 더 나아가 고결한 사람의 용기와 미친 사람의 만용을 구별하고자 한 프로젝트가 있었다. 발타사르 그라시안Baltasar Gracian은 벨라스케스가 용맹하게 캔버스에 몸을 던지며 그림을 그린다고 말했다. 윤리적인 용기는 인류의 위대한 프로젝트로, 정글에서 우리를 구출해 존엄성을 가진 종으로 변화시켰다. 이 프로젝트의 폭과 깊이, 복합성은 가장 높은 수준의 지능을 요구한다.

문명의 여명기, '선善'은 용감한 사람들이 실행한 것이었다. 이제 '선'을 실행하는 사람이 용감한 사람이다. 진보가 있었다. 전사의 용기를 선의 개념에 종속시키는 것, 즉 서양에서만 용기를 도덕적이라고 생각한 것은 아니다. 비슷한 예로 일본의 사무라이 정신이 있다. 사무라이는 무사도를 지키는 전사다. 무사도는 '전사가 지켜야 하는 도리'를 의미하고, 사무라이는 '섬기는 사람'을 뜻한다. 니토베 이나조는 《무사도: 일본의 정신》이라는 책에서 사무라이에게 "정당한 이유로 옳은 일을 하기 위해서 행한 것이 아니라면 용기는 미덕의 하나라고 할 수 없다"고 했다. 용기를 획득하여 용감한 사람이 되려면 더 숭고한 덕을 가지고 있어야 했다. 그것은 사랑과 담대함, 연대, 동정이다. 1882년에 발표된 일본의 〈군인과 해군을 위한 복무교서〉를 보면, 군인의 미덕은 용감해야 하지만 진정한 용기는 '피투성이의 야만적인 행동'과는 거리가 멀다. "낮은 자를 경멸하지 않고 높은 자를 두려워하지 않는 것"으로 정의하고 있다. 진정으로 용기의 가치를 아는 사람은 일상의 관계 속에서 먼저 상냥함을 앞세우고 타인의 사랑과 존중을 받기 위해 노력하는 사람이다. 군의 법령치고는 유별난 권고 사항들이다.

스스로 행동하는 자유를 의미하는 용기는 정의의 문을 열어준다. 용기는 욕구, 정치적 독재, 타인에 대한 의존성, 타락의 유혹, 두려움의 힘의 압박으로부터 해방되는 과정 그 자체다. 용기는 비상한 에너지로 지능의 "경이로운 순환"이라고 부르는 것들의 또 다른 예다. 용기는 편안한 동물 영역에서 벗어나 숭고하고 힘든 목표를 향해 뛰쳐나가게 하는 힘이다. 그래서 그 어떤 것과도 비교할 수 없는 노력과 끈질긴 훈련을 요구한다.

마치 인간의 첫 번째 비행을 목격한 것처럼 나만 용기를 보고 감탄하는 게 아니다. 블라디미르 장켈레비치Vladimir Jankelevicht는 다음과 같이 썼다. "우리는 본능과 부정적인 영향에 휘둘린다. 또 구원을 소망하면서도 갈팡질팡한다. 그러한 우리에게 용기는 초자연적인 힘을 제공한다. 용기는 자연의 법칙에 대항하는 힘으로 우리 내부의 게으른 짐승을 쫓아버린다". 20세기 가장 위대한 신학자 중 한 명인 폴 틸리히Paul Tillich는 용기 있는 행동은 인간의 한계를 극복하는 능력으로 매우 신비로운 것이어서, 용기를 내는 데 신성이 개입한다고까지 생각했다. 그는 신이 용기를 통해 자신의 모습을 드러낸다고 믿게 되었다. "신의 존재를 증명하기 위한 유효한 주장은 없다. 그러나 우리가 인지하든 인지하지 못하든 전지전능한 존재를 확인할 수 있는 용기 있는 행동들이 있다". 더는 길게 그의 말을 인용하지 않겠다. 그의 주장이 너무 단정적이어서가 아니라 그가 내리는 용기의 비범한 특징이 내게 너무 강력하기 때문이다.

위험이나 부정적 평가를 참아내고, 억압이나 폭력에 대항해서 자신의 신념을 유지하며 정당하지 않은 행동에 반대해야만 윤리적인 용기에 도달할 수 있다. 부당한 상황, 만연한 부패, 또는 묵인된 잔혹한 폭력을 목격할 때 떠오르는 질문이 있다. 누구도 거기에 대항할 용기가 없었나? 어떻게 하면 윤리적 용기를 장려할 수 있을까? 아무리 곰곰이 생각해봐도 결국 의무감의 중요성을 말할 수밖에 없다는 결론에 도달한다. 모든 문화권에서는 사람들에게 자동적인 윤리 의식을 각인시키려고 노력한다. "책임을 다해야 한다", "의무는 의무다" 등의 표현은 종종 기다리기만 해서는 안 된다는 뜻으로 쓰인다. 우리는 우리가 힘들다고 느껴지는 것만 '의무'라고 생각한다. 그래서 동기 약화를 자동적인 강인함으로 대신하려고 시도하는 것이다. 생명의 위협을 감수하는 사람들, 전쟁터의 군인이나 소방관들의 훈련을 보면 분명하게 알 수 있다. 오즈캅탄H. Ozkaptan과 그의 동료들은《공포의 정복Conquering Fear》이라는 책에서 "규범은 두려움의 효력을 약화시킨다"고 말했다. 이라크전쟁에서 싸운 군인들은 위험한 순간에 '자동 조정 장치'에 따라 행동했다고 고백했다. 즉, 훈련할 때 배운 것에 따라 기계적으로 행동했다는 말이다. '절대 동료를 포기하지 않는다'와 같이 뼛속 깊이 새겨진 지령들은 각 개인의 안전을 위해서 반드시 요구되는 강령이다. 이것은 생성 지능 교육의 한 예라고 할 수 있다. 폭탄처리 전문가나 소방관, 구조대원, 전쟁터의 군인 같은 사람들이 행동하는 걸 보면 매우 용감하게 보인다. 그러나 막상 어떻게 그런 일을 했냐고 물어보면 "제 일을 했을 뿐입니다" 혹은 "누구라도 그렇게 했을 겁니다"라는 말이 돌아온다. 이들의 말은 훈련 기간 동안 그렇게 행동하도록 직업적 '역할'을 내재화시켰다는 의미다.

이러한 의무의 기계적인 행동이 문제를 야기하기도 한다. 나치 전범 아돌프 아이히만Adolf Eichmann은 의무를 수행하도록 교육받았고 명령만 복종했을 뿐이라고 자신을 변호했다. 신경정신과 의사인 시륄니크Boris Cyrulnik는 폴란드에서 유대인과 집시 아이들을 사살하라는 명령을 받은 제2차세계대전 당시 독일의 경찰 예비군에 대한 이야기를 한다. 그들 대부분은 명령을 실행했다. 20퍼센트 이하의 군인들만 이 명령을 거부했다. 나머지 80퍼센트의 사람들은 의무를 충실히 이행했으며 심지어 자랑스러워했다. 나치 교육이 아이와 청소년들에게 얼마나 잘못된 영웅주의를 심고 장려했는지를 보면 정말 끔찍하다. 그들은 총통을 위해, 독일을 위해, 나치의 천년왕국을 위해 죽을 각오가 되어 있었다. 의무에 대한 기계적인 행동이 초래할 수 있는 재앙을 피하기 위해서 일단 신중하고 비판적인 사고를 할 필요가 있다. 나에게 책임감으로 요구되는 모든 것들이 실제로 그런 것은 아니다. 윤리적 용기는 소크라테스가 주장한 용기와 함께 걸어가야 한다. 비판적 능력과 휩쓸리지 않는 용기, 만약 필요하다면 시대에 역행해서 나아갈 수도 있어야 한다.

이 책은 용기의 교육에 관한 것이고 결론은 아주 분명하다. 우리는 우리 학생들과 아이들에게 윤리적 도덕을 가르치고 장려해야 한다. 영웅적인 행동을 하라고 충동하는 게 아니라 목표를 잘 설정하고 수행하기 위해, 즉 우리의 재능을 펼치기 위해서 우리 모두에게 필요한 '일상의 겸손한 영웅주의'를 장려해야 한다는 것이다. 나는 사춘기 때 미겔 데 우나무노가 쓴 《돈 키호테와 산초의 삶*Vida de don Quijote y Sancho*》에서 감동적인 글귀를 발견했다.

> (신은) 거짓말쟁이를 거짓말쟁이라고 부르고 도둑을 도둑이라고 부를 수 있는 용기를 주었다. 그러자 한 사람이 물었다. "그러면 이걸로 거짓말이 지워지는 겁니까? 도둑도, 세상의 어리석은 일들도 지워지는 겁니까?" "누가 그렇다고 했나요? 세상에서 가장 비

참하고 구역질 나는 비겁한 공리공론은 바로 도둑은 앞으로도 계속 훔칠 것이기 때문에 도둑을 신고해봤자 소용없다고 말하는 사람, 어리석은 사람에게 어리석다고 말해봤자 세상에는 어리석은 사람들이 줄어들지 않을 거라고 앞서 생각하고 말하는 사람입니다." 그렇다. 수천 번이라도 반복해야 한다. 한 번이라도, 단 한 번이라도 마지막 한 명의 허풍꾼을 없앴더라면, 영원히 허풍을 뿌리 뽑았을 것이다.

윤리적 용기에 대한 교육 과정을 진두지휘하는 실비아 오스왈드Sylvia Oswald의 관심은 '용기 있는 사소한 행동'을 장려하는 것이다. 가령 경찰을 부르거나, 지금 일어나는 부당한 일을 다른 사람들에게 알리는 것, 대의를 위해 다른 사람들과 연대하는 것이다. 개인주의에 몸을 숨기는 것은 잔인한 결과를 낳을 수 있다. 미국에서는 키티 제노비스Kitty Genovese 사건이 사회적으로 커다란 반향을 일으켰다. 뉴욕에 살던 키티라는 여성이 귀가하다가 수상한 남성에게 칼로 공격을 당한다. 적어도 12명의 목격자가 보는 가운데 죽을 때까지 공격당했지만, 목격자 가운데 어느 누구도 경찰을 부르지 않았다. 정의로운 사회는 누군가의 비극적인 영웅주의를 필요로 하지 않는다. 그러나 항상 모두가 동참할 수 있는 작은 영웅주의를 필요로 할 뿐이다. 그래서 용감한 사회의 일부를 구성하는 시민으로서 의무인 용기는 칭송을 받아왔다.

우리는 "개인 지능"과 "공유된 지능"에 대해 말하는 것과 같은 방식으로 "개인 용기"와 "공유된 용기"에 대해 말할 수 있어야 한다. 우리는 집단이 용기나 비겁함의 촉매제 역할을 할 수 있다는 걸 보았다. 이런 현상은 마찬가지로 학교에서도 목격할 수 있다. 학교 폭력에 관해 연구할 때 학교 폭력을 형성하는 세 가지 주요 요인을 볼 수 있다. 공격자와 희생자 그리고 수동적인 구경꾼, 방관자다. 누군가의 작은 행동이 폭력을 막을 수도 있다. 그것이야말로 일상적인 용기의 멋진 예가 될 것이다. 그리고 우리는 이것을 가르쳐야 한다.

나는 두려움에 대한 전쟁을 선포하면서 이 책을 시작했다. 용기를 배우고, 가르치는 것은 쉬운 일이 아니다. 이 전쟁에는 우리가 모두 긴밀하게 연결되어 있으며, 동시에 우리는 모두 서로의 도움을 꼭 필요로 한다.

두려움과 용기의 학습

펴낸날 초판 1쇄 2016년 6월 20일

지은이 호세 안토니오 마리나
옮긴이 유아가다
펴낸이 김현태

펴낸곳 책세상
주소 서울시 종로구 경희궁길 33 내자빌딩 3층(03176)
전화 02-704-1251(영업부), 02-3273-1333(편집부)
팩스 02-719-1258
이메일 bkworld11@gmail.com
홈페이지 www.bkworld.co.kr
등록 1975. 5. 21. 제1-517호

ISBN 979-11-5931-062-1 03180

* 잘못된 책은 바꾸어드립니다.
* 책값은 뒤표지에 있습니다.

이 도서의 국립중앙도서관 출판시도서목록(CIP)은 서지정보유통지원시스템 홈페이지
(http://seoji.nl.go.kr)와 국가자료공동목록시스템(http://www.nl.go.kr/kolisnet)에서
이용하실 수 있습니다.(CIP제어번호 : CIP2016013427)